ullstein

Das Buch

Firmenpleiten, Rationalisierungsmaßnahmen, Outsourcing – immer mehr Arbeitnehmer haben Angst, den Job zu verlieren. Das muss nicht sein. Dieses Buch zeigt, worauf es ankommt, um sich ohne Heldentaten und Selbstausbeutung zum unentbehrlichen Mitarbeiter zu machen. Lesen Sie, was sich beim Umgang mit (guten oder auch schlechten) Chefs anbietet, worauf man als Jobanfänger besonders achten muss, welche Tricks und Tücken in den Bereichen Arbeitsorganisation, Arbeitsrecht, Benimm und Kommunikation besonders wichtig sind und warum Sozialkompetenz und Loyalität Kerntugenden sind, mit denen man jeden Chef glücklich machen kann. Ein unverzichtbarer Karriereratgeber der besonderen Art.

Die Autorin

Susanne Reinker arbeitete nach dem Studium für das Goethe-Institut und war Pressesprecherin in der Filmbranche. Seit 2003 widmet sie sich in mehreren Büchern den Spielregeln des Berufsalltags. Mit *Rache am Chef* schaffte sie den Sprung auf die *Spiegel*-Bestsellerliste. Weitere Infos: www.susanne-reinker.de

Susanne Reinker

Unkündbar!

Wie Sie sich für Ihren Chef unentbehrlich machen

Ullstein

Besuchen Sie uns im Internet:
www.ullstein-taschenbuch.de

Umwelthinweis:
Dieses Buch wurde auf chlor- und säurefreiem Papier gedruckt.

Ungekürzte Ausgabe im Ullstein Taschenbuch
1. Auflage Dezember 2007

Die Originalausgabe erschien bei BW Bildung
und Wissen Verlag und Software GmbH, Nürnberg
Umschlaggestaltung: HildenDesign, München
Titelabbildung: Image Source/Getty Images
Druck und Bindearbeiten: Ebner & Spiegel, Ulm
Printed in Germany
ISBN 978-3-548-36990-7

Inhalt

Vorwort

Wirtschaftskrise, Firmenpleiten, wachsende Arbeitslosenzahlen: Auf dem Arbeitsmarkt herrschen harte Zeiten. Während die Arbeitgeber immer lauter nach einer Lockerung des Kündigungsschutzes rufen, werden Rationalisierungspläne verkündet, Stellen abgebaut und Mitarbeiter „freigesetzt". Entweder ordnungsgemäß im Rahmen betrieblicher Kündigungen und abgemildert durch Sozialpläne und Abfindungen – oder aber durch Mobbing und Bossing, um „überflüssiges" Personal Kosten sparend rauszuekeln.

In dieser Situation liegt es nahe, zu Zwangsverabschiedungen aller Art erst gar keinen Anlass zu bieten und sich lieber von vornherein unentbehrlich zu machen. Keine Angst: Obwohl die persönliche Arbeitsleistung zum Schlüsselkriterium für die Mitarbeiterbewertung geworden ist und selbst Beamte in Zukunft nach Leistung bezahlt werden sollen, müssen Sie dafür nicht zur 60-Stunden-Woche übergehen und Ihr Privatleben auf dem Altar der Firma opfern.

Worauf es wirklich ankommt. Mit der Zahl geleisteter Überstunden hat Leistung nur ziemlich wenig zu tun. Viel entscheidender ist das Interesse am eigenen Aufgabengebiet, am Unternehmen und an den Menschen (Chefs, Kollegen, Mitarbeiter), die es bevölkern. Solides organisatorisches Handwerkszeug und gutes Benehmen sind immer von Vorteil, und die entscheidenden Pluspunkte gibt es für Einfühlungsvermögen, diplomatisches Geschick und Grundkenntnisse über die psychologischen Besonderheiten am Arbeitsplatz, vor allem die des eigenen Vorgesetzten.

Dieses Buch bietet Ihnen in zehn Kapiteln einen Überblick über alles, was man wissen muss, um ganz ohne übermenschliche Heldentaten und fortgesetzte Selbstausbeutung vom Mitarbeiter zum unentbehrlichen Mitarbeiter zu werden:

- Hinweise zum Umgang mit Chefs und schlechten Chefs;
- Ratschläge speziell für Jobanfänger;
- die wichtigsten Tricks und Tücken in den Bereichen Arbeitsorganisation, Arbeitsrecht, Benimm und Kommunikation;
- Sozialkompetenz und Loyalität als Kerntugenden, mit denen man jeden Chef glücklich machen kann.

In diesen Bereichen Bescheid zu wissen, ist angesichts der Lage auf dem Arbeitsmarkt nicht nur das Gebot der Stunde, sondern unabhängig davon ein Zeichen vorhandener Professionalität. Um die geht es in „Unkündbar“, und nicht etwa darum, wie man Gewinn bringend zum Schleimer, Speichellecker oder Strippenzieher wird. Wer hofft, auf den folgenden Seiten Anleitungen für strategische Winkelzüge und kleine Karriere fördernde Manöver zu finden, der hofft vergebens.

Stattdessen bietet das elfte Kapitel einige abschließende Denkanstöße zum Thema „Wert und Preis der Unentbehrlichkeit“ sowie ein ausführliches Zehn-Punkte-Programm mit nützlichen Tipps für alle, die beim Chef möglichst stressfrei punkten wollen.

Ein Buch – zwei Ratgeber. „Unkündbar“ erklärt, wie man sich unentbehrlich macht. Doch darüber hinaus ist das Buch in guten Zeiten auch ein unschlagbarer Karriereratgeber: Vorausgesetzt, die wirtschaftliche Lage Ihres Arbeitgebers ist stabil, sichern Sie sich damit nicht „nur“ Ihren Job, sondern auch einen Platz ganz oben auf der Liste ausstehender Gehaltserhöhungen und Beförderungen. Denn das sind normalerweise die Gesten, mit denen sich dankbare Chefs irgendwann bei engagierten Mitarbeitern revanchieren.

Danke

Für ihre tatkräftige Hilfe, ihre unerschöpfliche Geduld und vor allem für ihren klugen Rat danke ich Ari Hantke, Dr. Irmgard Schmid, Dr. Birgit Schumacher, Stephanie Wimmer und Heidrun Schoppelrey.

Susanne Reinker

1. Grundkurs Chefkunde

Wie Chefs sind und was sie wollen

„Am besten aber wirst du den Charakter eines Menschen kennen lernen, wenn du beobachtest, wie er jemanden lobt und wie er sich verhält, wenn er selbst gelobt wird."

Seneca

Sie wünschen sich einen gütigen, gerechten, gelassenen, gut gelaunten Vorgesetzten, der immer ein offenes Ohr für Sie hat und auf jede Frage eine Antwort weiß? Vergessen Sie's. Solche Traumchefs gibt es nur in deutschen Fernsehserien und amerikanischen Kinoschnulzen. In Wirklichkeit sind Chefs nämlich auch nur Menschen – mit Stärken und Schwächen und täglichen Problemen von Beziehungskrisen bis zu blauen Briefen vom Finanzamt. Von Ihnen unterscheiden sie sich also nur in einem einzigen (allerdings ganz wesentlichen) Punkt: Sie haben es zum Chef gebracht.

Was macht Chefs zu Chefs? Eine gute Frage, denn zumindest aus der Sicht der Mitarbeiter liegen die Antworten nicht immer klar auf der Hand. Der Verdacht auf Vitamin B liegt manchmal nahe, aber das ist selten mehr als ein Türöffner, der wenig bringt, wenn er nicht durch ein paar handfestere Qualitäten ergänzt wird. Wobei das, was die Firmenleitung unter „Qualitäten" versteht, nicht unbedingt mit dem übereinstimmen muss, was die Mitarbeiter als Qualitäten ansehen. Und vielleicht haben Sie sogar Recht, wenn Sie sich immer wieder über ein paar zweifelhafte Eigenarten Ihres Vorgesetzten aufregen – aber diese Eigenarten haben ihn nicht daran gehindert, in den Chefsessel vor Ihrer Nase zu klettern.

Außerdem wird man Ihren Chef vermutlich aufgrund einer Reihe zweifelsfrei *vorhandener* Talente dorthin befördert haben (die Sie möglicherweise nur nicht erkennen). In der Regel ist Chefs der Aufstieg aufgrund ihrer Leistung und dank diverser anderer geschäftsfördernder Qualitäten gelungen – allerdings zugegebenermaßen nur selten wegen ihres Talents in Sachen Personalführung. Das spielt bei der Besetzung von Chefposten kaum eine Rolle, obwohl doch die Annahme, dass ein fachlich versierter Mensch quasi automatisch auch über Führungsqualitäten verfügt, schon lange als klassischer Irrtum entlarvt wurde.

Chefs und ihre Mitarbeiter. Wie man mit Mitarbeitern umgeht, das lernen Chefs manchmal freiwillig in speziellen Seminaren und mit Hilfe von Fachbüchern. Manchmal lernen sie es zufällig durch gute und weniger gute Erfahrungen. Und manchmal lernen sie es gar nicht. Und dafür haben Chefs sogar eine gute Entschuldigung: Da oben, wo sie sich bewegen, ist die Luft ziemlich dünn. Der Erfolgsdruck ist groß, die zu bewältigende Arbeitsmenge oft gewaltig und die Wahrscheinlichkeit, früher oder später einer Intrige ehrgeiziger Konkurrenten zum Opfer zu fallen, erschreckend hoch.

Die Folge: ständiger Stress, den „natürlich" in erster Linie die engsten Mitarbeiter abbekommen. Dabei müssten sich eigentlich gerade die Vorgesetzten noch in der größten Hektik durch Geduld und Gelassenheit auszeichnen, schon allein, um die Stimmung und damit die Arbeitsleistung ihres Teams zu fördern. Aber für solche strategischen Überlegungen bleibt im Eifer des täglichen Gefechts dummerweise selten Zeit.

Die wenigsten Chef-Kandidaten müssen in Tests ihre Teamfähigkeit nachweisen oder als Vorbereitung auf ihre Vorgesetztenrolle Seminare in Personalführung belegen. Also erwarten Sie in der Hinsicht besser nicht zu viel von ihnen.

Welcher Typ ist Ihr Chef? Es hilft nichts: Wenn Ihr Chef keine Zeit (oder Lust) hat, sich mit den Grundzügen der Personalführung vertraut zu machen, dann müssen *Sie* sich eben mit *ihm* vertraut machen. Und zwar gründlich. Denn Ihr direkter Chef ist für Sie mit Abstand die wichtigste Bezugsperson im Job: Er ist es, der Ihre Leistung bewertet, und seine Meinung darüber ist ausschlaggebend für Ihre Zukunft in der Firma. Hält er Ihre Arbeit für großartig, dann *ist* sie es auch, selbst wenn sein Urteil streng genommen mehr auf Ihr zuverlässig aktuelles Wissen über den Tabellenstand der Bundesliga oder Ihre hervorragenden Weihnachtskekse zurückzuführen ist als auf Ihre fachlichen Erfolge.

Fällt sein Urteil hingegen kritisch bis vernichtend aus (womöglich, weil Sie sich aus irgendeinem ganz banalen Grund seine Sympathien verscherzt haben), dann bringt Ihnen selbst der Nachweis zweifelsfrei genialer Großtaten nur mit Mühe einen Hauch der eigentlich verdienten Anerkennung.

Es lohnt sich also auf alle Fälle, „den Chef – das unbekannte Wesen" einmal genauer zu ergründen, um möglichst gut auf ihn und seine Bedürfnisse (um nicht zu sagen: Eigenarten) einzugehen. Und zwar am besten gleich in der ersten Zeit mit einem neuen Chef, wenn man sich noch nicht gegenseitig für immer in irgendwelche Schubladen („typisch Chaos-Chef", „typisch denkfauler Mitarbeiter") gesteckt hat.

Wenn Sie Ihren Cheftyp analysieren – schauen Sie sich auch seine guten Seiten an. Das macht die schlechten leichter erträglich.

Checkliste Chefcharakter. Die folgenden Fragen können Ihnen helfen, an Ihrem Chef die Dinge zu erfassen, auf die es in der Zusammenarbeit besonders ankommt:

- **Welcher Typ ist Ihr Chef?** Eher distanziert oder eher jovial-freundschaftlich? Eher der detailversessene Kontrolleur oder eher der vertrauensvolle Delegierer? Eher diplomatisch-undurchschaubar oder eher offen-unbeherrscht? Eher souverän-gelassen oder anscheinend permanent überfordert? Weitgehend resistent gegen Stress oder unter Druck ein hektischer Chaot?

- **Welche Erwartungen hat er an Sie?** Welche Aufgaben sind es, deren Erledigung ihm am meisten am Herzen liegt? Was versteht er unter einer guten Leistung – eher kreative Ideen oder eher kommentarloses Ausführen von Aufträgen? Was betrachtet er als Entlastung, was als Einmischung in seinen Kompetenzbereich?

- **Wie geht er mit Informationen um?** Informiert er Sie freiwillig und systematisch oder nur auf wiederholtes Nachfragen, genau dosiert oder umfassend? Und wie will er von Ihnen informiert werden – ständig über alles oder nur bei besonderen Vorfällen?

- **Wie kommuniziert er mit Ihnen?** Jederzeit oder nur nach Terminvereinbarung? In persönlichen Gesprächen oder bevorzugt schriftlich?

- **Wie ist sein Arbeitsrhythmus?** Wann fängt er an, wann hört er auf? Und was erwartet er in dieser Hinsicht von Ihnen?

- **Was können Sie sonst noch an ihm entdecken?** Was sind seine Lieblingsthemen und seine Herzensangelegenheiten in der Firma, was seine persönlichen Stärken und Schwächen? Mit wem geht er zum Mittagessen, wem geht er aus dem Weg?

- **Gewissensfrage** für vieles, was Sie am Arbeitsplatz tun, lassen oder sagen: „Wie würde mein Chef das jetzt finden?"

Diese intensive Beschäftigung mit Ihrem Chef setzt natürlich ein Mindestmaß an Interesse und Beobachtungsgabe voraus. Obendrein wird es ein Weilchen dauern, bis Sie für all diese Fragen eine eindeutige Antwort gefunden haben. Doch die Mühe lohnt sich: Wer seinen Chef-Typ kennt, kann viel besser auf ihn eingehen und auch dann ein halbwegs harmonisches Miteinander aufbauen, wenn eigentlich die Chemie nicht hundertprozentig stimmt.

Klassische Beispiele: Wenn Sie wissen, dass Ihr Chef unter Stress ungenießbar ist und bei der kleinsten Störung aus der Hose springt, dann werden Sie ganz automatisch Ihre angeborene Spontaneität zügeln und darauf verzichten, ihn mit irgendwelchen „dringenden" Angelegenheiten in seinem Büro heimzusuchen. Und wenn Sie einmal erkannt haben, dass er immer wieder vergisst, Sie über wichtige Dinge zu informieren, dann werden Sie sich möglicherweise angewöhnen, ihn nach wichtigen Besprechungen lieber gleich systematisch auszufragen.

> Je klarer Sie die kleinen (und großen) Eigenheiten Ihres Chefs erkennen, desto harmonischer und konfliktfreier können Sie die Zusammenarbeit mit ihm gestalten.

Die eigenen Eigenheiten erkennen. Mit dem Ergründen Ihres persönlichen Cheftyps ist es nicht getan. Deutlich bessere Ergebnisse erzielen Sie, wenn Sie auch sich selbst gelegentlich auf den

Prüfstand stellen: Wo sind eigentlich *Ihre* Stärken und Schwächen? Wo könnte es haken zwischen Ihrem Typ und Ihrem Chef-Typ? Mögliche Anlässe gibt es mit Sicherheit zu Dutzenden. Dass man sich mit seinem Chef auf Anhieb und dauerhaft richtig gut versteht, ist schließlich so selten wie die große Liebe auf den ersten Blick. Wahrscheinlicher sind kleine oder auch große Reibereien aller Art, wie sie nun mal passieren, wenn Menschen mit verschiedensten Macken im permanenten Arbeitsstress den lieben langen Tag miteinander verbringen müssen.

In der potenziell immer explosiven Situation am Arbeitsplatz lässt sich eine ganze Menge Ärger vermeiden oder wenigstens entschärfen, wenn man sich über die eigenen Unarten im Klaren ist. Denn wer die (wenigstens vor sich selbst) zugibt, hat erfahrungsgemäß kein Problem damit, auch anderen Leuten ein gewisses Recht auf Schwächen zuzugestehen, anstatt sich genau darüber immer wieder aufzuregen. Schließlich haben die meisten Menschen nicht nur mehr oder weniger unerträgliche Schwächen, sondern auch zumindest ein paar ganz eindeutige Stärken – man muss nur die Augen aufmachen, um sie auch zu sehen.

> Die Qualität Ihrer Beziehung zum Chef hängt nicht nur von ihm ab, sondern auch von Ihnen und Ihren kleinen (und großen) Eigenheiten.

Was Chefs wollen. Die Stellenanzeigen haben darauf eine Standardantwort: Chefs wollen flexible, belastbare, teamfähige, selbstverantwortliche Mitarbeiter. Je nach Cheftyp (siehe S. 14 f.) können die Ansprüche im Detail natürlich unterschiedlich ausfallen: Während der eine Wert darauf legt, dass getan wird, was er sagt, schätzt der andere eher Mitarbeiter, die auch mal kritische Fragen stellen oder Verbesserungsvorschläge entwickeln.

Was Chef*innen* wollen. „Typisch männliche“ Erwartungen an Mitarbeiter treten besonders plastisch hervor, wenn man sie mit

„typisch weiblichen" Erwartungen vergleicht. Chefinnen haben nämlich des Öfteren ganz andere Vorstellungen von perfekten Mitarbeitern als Chefs: In Karriereratgebern herrscht Einigkeit darüber, dass sie mehr Wert auf eine gute Arbeitsatmosphäre legen als auf die Betonung ihrer Hierarchieebene und Kompetenzen – beides Aspekte, die für Chefs häufig ganz besonders wichtig sind. Während Chefs sich durch ein überaus gesundes Selbstbewusstsein auszeichnen und daher Mitarbeiter schätzen, die ihnen ein angemessenes Maß an Bewunderung entgegenbringen, stellen Chefinnen mit ihrem Hang zum Selbstzweifel sich selbst und ihre Arbeit öfter als nötig in Frage. Sie suchen daher eher Bestätigung als Bewunderung, arbeiten teambewusster und lassen mehr Nähe zu als Männer. Gleichzeitig schrecken Chefinnen anders als Chefs häufig vor klaren Anweisungen und Arbeitskontrollen zurück. Folglich legen sie viel Wert darauf, dass ihre Mitarbeiter

- bereitwillig die Aufgaben hinter den Andeutungen entschlüsseln oder wenigstens nachfragen, wer und was genau gemeint ist;

- den Verzicht auf autoritäre Führungsmethoden nicht als Einladung zu ständigem Widerspruch und ungebetenen Ratschlägen verstehen (was männliche Mitarbeiter Chefinnen gegenüber besonders gerne tun);

- auch ohne den Druck drohender Kontrollen ihr Bestes geben und ganz allgemein das in sie gesetzte Vertrauen durch besondere Loyalität belohnen.

Unabhängig davon lassen sich die Idealvorstellungen von Chefinnen und Chefs in vier große Bereiche unterteilen: Fachkompetenz, Job-Identification, Informationsverarbeitung, Fleiß.

Selbstverständlich: Fachkompetenz. Vorgesetzte gönnen sich den teuren Luxus eines Mitarbeiters in allererster Linie, weil sie entlastet werden wollen. Jemand soll ihnen einen Teil ihrer Aufgaben abnehmen, damit sie ihre Zeit wichtigeren Aktivitäten widmen oder einfach früher nach Hause gehen können. Und dafür brauchen sie Mitarbeiter, die ihr Aufgabengebiet fachlich komplett beherrschen – was zwar eigentlich selbstverständlich ist, aber in Zeiten zunehmender Zeugnisfälschungen gar nicht oft genug erwähnt werden kann.

Fachkompetenz ist die Basis für die Qualität Ihrer Arbeit. Also gönnen Sie sich gelegentlich eine Fortbildung. Falls es in Ihrer Firma keine Weiterbildungsprogramme gibt, können Sie mit Ihrem Chef individuelle Fortbildungsmaßnahmen aushandeln, deren Kosten er wahrscheinlich zumindest teilweise übernimmt.

Ideal: Job-Identification. Englisches Modewort für die Bereitschaft, sich mit seiner Arbeit und deren Zielen persönlich zu identifizieren, sich „voll einzubringen“ und grundsätzlich mit entsprechender Energie und Begeisterung bei der Sache zu sein. Mit dieser Grundhaltung erfüllen Sie die schönsten Chefträume, denn Sie bringen so automatisch 120-prozentigen Einsatz, 150-prozentiges Verantwortungsgefühl und 200-prozentige Verlässlichkeit. Kurz: Mitarbeiter mit Job-Identification denken mit und packen an. Sie tun nicht nur stur, was man ihnen sagt, sondern ergreifen die Initiative. Sie handeln, wenn sie Chancen erkennen, die sich plötzlich bieten, oder wenn sie drohende Probleme entdecken, die sich durch schnelles und beherztes Eingreifen noch vermeiden lassen.

Job-Identification ist nicht nur ein beachtliches Plus für das Verhältnis zum Chef, sondern schlichtweg unabdingbar für jeden, der von der großen Karriere träumt.

Perfekt: Systematische Informationsverarbeitung. Am Arbeitsplatz wird man heute mit einmalig viel Information aus einmalig vielen Kanälen überflutet: Telefon, Handy, E-Mails, Internet, Faxe, Radio, Fernsehen, Presse und Fachpresse. Gleichzeitig wird der Zeitdruck (nicht zuletzt wegen der zu verarbeitenden Infoflut) immer größer. In dieser Situation verlässt Ihr Chef sich gleich zweifach auf Sie: Er erwartet, dass Sie sich erstens selbstständig alle Informationen beschaffen, die für Ihre Arbeit wichtig sind (anstatt sich für Fehler mit der Standardausrede „Das hab' ich nicht gewusst" zu entschuldigen). Und er erwartet zweitens, dass Sie die ankommenden Informationen systematisch prüfen und alles, was auch nur im Entferntesten für ihn und Ihre Kollegen von Interesse sein könnte, sofort weiterleiten. Und zwar im Zweifelsfalle mit kleinen warnenden Hinweisen, damit wichtige oder dringende Angelegenheiten nicht aus Versehen liegen bleiben.

Der Umgang mit Informationen ist Holschuld und Bringschuld gleichzeitig – und zwar im Zweifelsfalle eher für Sie als für Ihren Chef.

Fantastisch: Fleiß. Sichtbarster Ausdruck dieser Tugend ist immer noch die Anzahl geleisteter Überstunden. Die reine Zeit, die jemand an seinem Arbeitsplatz verbringt, sagt nur wenig darüber aus, wie viel er in dieser Zeit auch tatsächlich arbeitet. (Besonders, wenn sein Arbeitsplatz mit einem Computer mit Internetzugang ausgestattet ist.) Und trotzdem gehört ein gut gefülltes Überstundenkonto für viele Chefs einfach zum guten Ton. Wer das weiß und trotzdem immer pünktlich den Griffel fallen lässt, ist selbst schuld. Weil er sich damit nicht nur beim Chef Sympathien verscherzt, sondern auch bei denjenigen Kollegen, die Überstunden leisten. Die schätzen es nämlich gar nicht, für einen faulen Artgenossen mit arbeiten zu müssen.

Umgekehrt lassen sich mit gelegentlichen Fleißaktionen geradezu bahnbrechende Erfolge erzielen. Besonders Aufsehen erregend ist zum Beispiel der aufopferungsvolle Verzicht auf einen Brückentag Urlaub, damit alle anderen sich frei nehmen können. Das kann man noch steigern durch die freiwillige Übernahme von Sonderaufgaben oder von Arbeiten, die dem Chef ganz offensichtlich (und bestimmt aus gutem Grund) lästig sind.

Die reibungslose Bewältigung der täglichen Arbeit wird als selbstverständlich vorausgesetzt. Richtig Eindruck macht man nur durch das, was man über die Arbeitsplatzbeschreibung hinaus leistet.

Die Macht der Mitarbeiter. Formal gesehen haben natürlich immer die Chefs das Sagen, und die Mitarbeiter müssen folgen. Diese klare Struktur (von Personalern lässig „top-down" genannt) gibt die Wirklichkeit am Arbeitsplatz jedoch nur unvollständig wieder. Denn das Verhältnis zwischen Vorgesetzten und Nachgeordneten ist von einer gewissen gegenseitigen Abhängigkeit geprägt: Die Mitarbeiter sind von ihrem Chef abhängig, weil er die Regeln vorgibt und weil er entscheidet, was eine gute Leistung und beförderungswürdig ist und was nicht.

Umgekehrt ist der Chef jedoch von seinen Mitarbeitern abhängig. Schließlich könnten die beschließen, sich einfach nicht an seine Regeln zu halten. Möglichkeiten von Mitarbeitern, ihren Chef unauffällig, aber effizient zu boykottieren, gibt es schließlich wie Sand am Meer, vom verdeckten Bummelstreik bis hin zur sanften Sabotage. Und in dieser Situation kann dann auch schnell die Karriere vom Chef selbst auf dem Spiel stehen. Denn wenn sein Team schlechte Leistungen bringt, wird unweigerlich er dafür zur Verantwortung gezogen.

Führen von unten. Unabhängig von diesen eher kämpferischen Überlegungen haben Mitarbeiter eine ganze Reihe von Möglichkeiten, die Zusammenarbeit mit dem Chef konstruktiv mitzugestalten. Der hat nämlich im Regelfall weder Zeit noch Lust, sich um jeden Kleinkram persönlich zu kümmern und sich zu allem selbst eine Meinung zu bilden. Stattdessen verlässt er sich (wenn er nicht gerade ein Perfektionist ist) mehr oder weniger stark darauf, dass Sie im Rahmen Ihrer Kompetenzen so selbstständig wie möglich im Sinne der Firma handeln und dass Sie anstehende Themen und Probleme für ihn „vorbereiten" und durch *Ihre* Argumentation *seine* Meinungsbildung erleichtern.

Sofern Sie das nötige strategische Geschick an den Tag legen, sind Ihren Einflussmöglichkeiten also nun wirklich keine unüberwindbaren Grenzen gesetzt. Für die Vorgesetzten-Führung durch die Mitarbeiter gibt es inzwischen sogar einen Namen: „**Cheffing**". Dabei geht es allerdings weniger um Tricks und Winkelzüge als vielmehr um Psychologie und Einfühlungsvermögen. Im Mittelpunkt der „Cheffing"-Theorie stehen Themen, die Ihnen auch in diesem Buch begegnen:

- Missverständnisse und wie man sie vermeidet;
- vorgegebene Regeln und wie man clever mit ihnen umgeht;
- Ziele und wie man sie mitgestaltet;
- Feedback als Methode, dem Chef schonend ein paar Wahrheiten beizubringen;
- typische Konfliktsituationen und wie man sie entschärft;
- Selbsterkenntnis als Basis für eine gute Beziehung zum Chef.

Führen von unten ist möglich: Sie brauchen nur ein bisschen Beobachtungsgabe dafür, wo und wie Sie den Hebel am besten ansetzen können.

2. Das verflixte erste Jahr

Worauf es für Jobanfänger wirklich ankommt

„Der Anfang ist die Hälfte des Ganzen."

Aristoteles

Bammel vor der Probezeit? Das kommt selbst bei den selbstsichersten Überfliegern vor und ist auch durchaus nachvollziehbar. Schließlich kann es sein, dass man in diesen maximal sechs Monaten (länger darf die Probezeit glücklicherweise nicht dauern) im Ernstfall nach nur zwei Wochen Kündigungsfrist die Entlassungspapiere überreicht bekommt. Und zwar mit etwas Pech ohne jede Erklärung. Klar, dass da die Befürchtung nahe liegt, die geforderten Ansprüche nicht gleich erfüllen zu können und von einem ungeduldigen Chef kurzerhand vor die Tür gesetzt zu werden, noch bevor man überhaupt eine Chance hatte zu verstehen, worauf es in dem neuen Job ankommt.

Kleiner Trost: So schlimm kommt es selten. In der Regel enden Probezeiten mit einer Übernahme, selbst wenn zwischendurch nicht alles perfekt läuft. Und das aus drei Gründen. **Erstens hat Ihr Chef keine Lust, sich zu blamieren.** Denn schließlich hat er Sie ausgesucht, und zwar wahrscheinlich aus meterhohen Stapeln von

Bewerbungen. Wenn er Ihnen noch während der Probezeit die rote Karte zeigt, dann hat er ganz offensichtlich mit seinem Eindruck von Ihnen menschlich und fachlich völlig daneben gelegen. Und so viel mangelndes Urteilsvermögen gibt man ungern offen zu.

Zweitens scheut Ihre Firma die Ausgaben: Jede neu zu besetzende Stelle kostet haarsträubend viel Geld. Die Kosten für die Stellenanzeige sind nur die Spitze des Eisbergs. Viel entscheidender sind die indirekten Kosten, die sich dadurch ergeben: Der Chef muss wieder Bewerbungsmappen studieren, anstatt sein Tagesgeschäft zu erledigen. Außerdem bringt eine immer wieder umbesetzte Stelle weder die eigentlich erforderliche Leistung noch die benötigte Zufriedenheit von Kunden und Partnern.

Drittens ist fachliche Leistung viel, aber nicht alles. Für Ihren Chef ist es genauso wichtig zu sehen, wie Sie mit Ihren Kollegen, Kunden und Partnern klarkommen. Mit Hilfsbereitschaft und Freundlichkeit können Sie fachliche Anfängerfehler unterm Strich ausgleichen.

Das alles bedeutet allerdings nicht, dass Sie Ihren Job gleich ab dem ersten Arbeitstag so gut wie in der Tasche haben. Denn gerade am Anfang bringt man Ihnen zwar viel Verständnis entgegen, guckt aber auch ziemlich genau hin, „wie Sie sich so machen“.

> Bitten Sie den Chef während der Probezeit alle sechs bis acht Wochen um ein Gespräch über Ihre Arbeit. So demonstrieren Sie nicht nur Lernbereitschaft, sondern Sie bekommen im Zweifelsfalle auch mit, wo es hakt, und können das Ruder noch rechtzeitig herumwerfen.

Probezeit, zweiter Teil. Wer nach überstandener Probezeit gemütlich einen Gang zurückschaltet, handelt strategisch unklug. Denn inoffiziell läuft die Probezeit bestimmt noch ein halbes

Jährchen weiter. Eine solche inoffizielle Probezeit hat zwar nichts mehr mit Fristen und Gesetzen zu tun, dafür aber umso mehr mit der Meinungsbildung vom Chef und auch von den Kollegen. Die meisten Jobs hat man nun mal erst nach zirka einem Jahr fachlich wirklich im Griff. Darüber hinaus zeigt sich nicht selten in der Phase *nach* der überstandenen Probezeit, ob ein neuer Mitarbeiter auch dann noch wirklich leistungsstark und kollegial ist, nachdem er die Probezeit erfolgreich hinter sich gebracht hat.

Am Ende der gesetzlichen Probezeit steht (wahrscheinlich) der Arbeitsvertrag. Aber erst am Ende der inoffiziellen Probezeit steht vollständige Anerkennung.

Chefs und Jobanfänger. Es versteht sich von selbst, dass gerade Jobanfänger den Grundkurs Chefkunde (siehe S. 11 ff.) gründlich durcharbeiten sollten. Darüber hinaus sind für Jobanfänger vier Faustregeln angesagt: den Chef auf dem Laufenden halten, möglichst viele Notizen machen, möglichst viele Fragen stellen und mit Fehlern vernünftig umgehen.

Den Chef auf dem Laufenden halten. Das ist eigentlich selbstverständlich – aber gerade am Anfang ist es ratsam, dass Sie ihn unaufgefordert und über so gut wie alles informieren, was Sie so tun und lassen. Das klingt aufwändiger, als es ist – Kopien von Briefen und Mails und kurze Telefonnotizen reichen völlig. Damit schlagen Sie gleich zwei Fliegen mit einer Klappe: Ohne dass Ihr Chef zu lästigen Kontrollen gezwungen ist, ermöglichen Sie ihm einen Einblick in Ihre Arbeitsweise und schaffen damit die Basis für das Vertrauen, das unabdingbar ist für jede erfolgreiche Zusammenarbeit. Und Sie stellen gleichzeitig ganz diskret Ihren Arbeitseifer unter Beweis, was auch immer für Pluspunkte gut ist. Das Ganze ist Ihnen zu streberhaft oder schlicht zu mühsam? Trotzdem sollten Sie nicht darauf verzichten. Denn bei einem Mitarbeiter, der grundsätzlich nur auf wiederholtes Befragen Aufschluss über den Stand seiner Arbeit gibt, entwickeln Chefs schnell den Verdacht, dass sie da jemand übergehen will oder versucht, Pannen zu vertuschen.

Bieten Sie Ihrem Chef lieber eine Information zu viel als eine zu wenig: Eine zu viel landet im Papierkorb oder endet im Themenwechsel. Eine zu wenig könnte Ärger nach sich ziehen.

Notizen machen. Das ist zwar etwas aufwändig, aber mit Sicherheit immer ein Treffer. Indem Sie mitschreiben, was Ihr Chef Ihnen erklärt oder als Aufgabe gibt, signalisieren Sie ihm Ihre uneingeschränkte Aufmerksamkeit. Und ausnahmslos jeder Mensch (übrigens auch Kollegen und vor allem Mitarbeiter) liebt es, Aufmerksamkeit geschenkt zu bekommen, denn dadurch fühlt man sich ernst genommen. Für Ihren Chef bedeutet Aufmerksamkeit obendrein, dass Sie Ihre Sache möglichst gut machen wollen, indem Sie seine goldenen Worte auch gebührend festhalten.

Notizen sind nur dann sinn- und eindrucksvoll, wenn Sie einen soliden Block zur Hand nehmen, anstatt sich mit kleinen gelben Haftnotizen zu verzetteln.

Fragen stellen. Fragen sind ganz allgemein das cleverste Instrument der Gesprächsführung – und das stimmt ganz besonders für die erste Phase im Job. Da haben selbst die ungeduldigsten Zeitgenossen vollstes Verständnis für jede noch so exotische Fach-, Sach- oder Sinnfrage. Schließlich waren sie ja auch mal Anfänger und können sich in der Regel noch daran erinnern, dass man ohne Fragen kaum etwas versteht. Fragen werden sogar regelrecht erwartet. Anfänger, die selten oder nie fragen, rufen nicht etwa Bewunderung für offensichtliche Überfliegerqualitäten hervor, sondern eher Misstrauen: Man wartet mit Bangen, wann sie den ersten großen Fehler machen, nur weil sie eine Sache nicht wirklich verstanden, sich jedoch zu viel zugetraut oder aber nicht getraut haben, einfach mal nachzufragen.

Wenn Sie es gut mit Chefs und Kollegen meinen, stellen Sie Ihre Fragen in hektischen Momenten am besten nicht spontan, sondern sammeln Sie sie für regelmäßige Fragestunden. So können Sie die Nerven der anderen schonen und für sich selbst die meisten Informationen herausholen.

Angst vor Fehlern? Sie ist weit verbreitet und wird in der Probezeit von psychologisch minder qualifizierten Chefs gelegentlich noch kräftig geschürt durch so markige Sprüche wie „Klar dürfen Sie Fehler machen, aber jeden nur einmal". Obwohl inzwischen wissenschaftlich bewiesen ist, dass manchmal über zwanzig (!) Anläufe erforderlich sind, bis man sich einen Fehler endlich abgewöhnt hat. Daraus folgt, was gute Chefs ohnehin wissen: Fehler sind menschlich, *shit happens* – vor allem bei Anfängern. So sind in der Regel nicht die Fehler selbst das Problem – dafür aber jeder Versuch, sie zu vertuschen, und jeder Verzicht, aus ihnen zu lernen. Wenn Sie beides beherzigen, ist schnell alles wieder gut (wenn auch zugegebenermaßen manchmal erst nach einem kurzen Gewitter), und niemand erwartet von Ihnen, dass Sie deshalb noch Monate später in Sack und Asche gehen. Und das sollten Sie auch nicht, denn damit bringen Sie eine Sache, die alle anderen längst vergeben und vergessen haben, nur immer wieder in Erinnerung.

Wer keine Fehler macht, lernt auch nichts dazu. Scham ist also nicht angesagt – aber vielleicht eine Entschuldigung.

„Typisch Anfänger!" Fachliche Fehler sind selten ein Drama, aber menschliche können sich durchaus zu einem auswachsen. Damit sind die Ungeschicktheiten gemeint, die Anfänger im Umgang mit ihren Chefs und vor allem ihren Kollegen nicht selten an den Tag legen. Das passiert zwar in der Regel ungewollt; mit ein wenig diplomatischem Geschick und Einfühlungsvermögen ließen sich jedoch viele Probleme von vornherein vermeiden.

Die Sache mit dem ersten Eindruck. „Der erste Eindruck zählt" – dieses Sprichwort kennt fast jeder. Aber wie rasend schnell er sich bildet, das ist kaum jemandem klar: Nach gerade mal sieben Sekunden ist schon alles vorbei. Das ist ein Zeitraum, in dem Leute, die nicht gerade als Talkmaster oder Kirmes-Animateure arbeiten, kaum mehr als zwei Sätzchen über die Lippen bringen. Und selbst wenn *Ihre* zwei Sätze absolut nobelpreisverdächtig sind, hilft Ihnen das nicht wirklich weiter. Denn der erste Eindruck wird nur zu lächerlichen sieben Prozent durch das vermittelt, *was* Sie sagen. Viel entscheidender ist, *in welchem Tonfall* Sie es sagen (38 Prozent) und wie Sie aussehen (55 Prozent). Wobei mit „Aussehen" längst nicht nur Schnitt, Farbe und Marke Ihres Outfits gemeint sind, sondern auch Ihre Körpersprache und Ihr allgemeines Erscheinungsbild.

Eindrucks-Fallen. In der Arbeitswelt sind die Eindrucks-Fallen, in die Jobanfänger tappen können, offensichtlich: Ihr Chef und Ihre Kollegen arbeiten buchstäblich in Sekundenschnelle (und oft ohne bewusst darüber nachzudenken) eine ziemlich lange Checkliste darüber ab, welchen Eindruck Sie vermitteln. Im Zweifelsfalle werden Sie genauso schnell in eine Schublade gestopft, in der Sie sich vielleicht gar nicht zu Hause fühlen – und das alles nur, weil Sie keine Lust hatten, sich vor dem ersten Gespräch noch schnell die Fingernägel sauber zu machen. Oder weil Sie zwar gut gewaschen, vorbereitet und gekleidet angetreten sind, das aber mit einem Gesichtsausdruck, der alle Anwesenden ausführlich über Ihr totales Desinteresse an ihren Ausführungen informierte.

Das sind natürlich alles Kleinigkeiten, aus denen sich eigentlich keine Rückschlüsse auf Ihre zweifelsfrei vorhandenen menschlichen und fachlichen Stärken ziehen lassen. Das Problem ist nur, dass viele Menschen aus eben diesen Kleinigkeiten ihre Schlüsse ziehen, anstatt geduldig auf die Suche nach den großen Qualitäten zu gehen. Dafür bleibt nämlich im Job einfach keine Zeit. Niemand zwingt Sie dazu, sich selbst völlig zu verleugnen – das funktioniert nie lange und bringt langfristig sowieso weder Ihnen noch den anderen etwas. Aber wenn sich schon die berühmte „Chemie“ zwischen zwei Menschen nicht von außen beeinflussen lässt, dann sollte man den „eindrucksvollen“ Rest schon aus praktischen Erwägungen nicht unbedingt völlig dem Zufall überlassen.

Die nachträgliche Korrektur eines ersten Eindrucks dauert so viel länger als seine Entstehung und ist ganz allgemein so mühsam, dass Sie es lieber von vornherein nicht drauf ankommen lassen sollten.

Das „Neue-Besen-Syndrom“. Oder: Wie man sich auf Anhieb zum unbeliebtesten Mitarbeiter macht. Das geht zwar nicht ganz so schnell wie beim ersten Eindruck, ist aber auch ziemlich flott passiert. Und zwar bevorzugt bei Jobanfängern, die frisch von der Uni kommen, Auslandserfahrungen, Praktika bei Hochglanzunternehmen und hervorragende Zeugnisse über die allerneuesten Erkenntnisse ihrer Fachrichtung mitbringen – und deshalb ihren Kollegen ausführlich erklären, was die so alles falsch machen oder besser machen könnten. Oft tun sie das, ohne groß nachzudenken, um beim Chef zu punkten sowie Fachkompetenz und Arbeitseifer unter Beweis zu stellen. Vielleicht geht diese Strategie dem Chef gegenüber auch (erst mal) auf, aber die Folgen für die Beziehungen zu den Kollegen sind möglicherweise fatal.

Es kann ja sein, dass Ihre Kollegen wirklich nicht auf dem allerneuesten Stand sind, aber sie haben garantiert wesentlich mehr praktische Erfahrung. Die Veteranen wissen nun mal, was in ihrem Betrieb aller schönen Theorie zum Trotz de facto machbar ist und was nicht, sie sehen auf den ersten Blick, wenn mal wieder ein „Neuer“ das Rad neu erfindet. Und vor allem können es die Kollegen überhaupt nicht leiden, wenn ein Jobanfänger daherkommt und sie mit seinen „Verbesserungsvorschlägen“ indirekt allesamt zu Deppen abstempelt, die ja wohl nicht von alleine draufkommen, wo es heutzutage eigentlich langgeht. Und selbst wenn das ausnahmsweise tatsächlich stimmt: Ohne ein gutes Verhältnis zu Ihren Kollegen bekommen Sie an Ihrem Arbeitsplatz kein Bein auf die Erde. Wenn man will, kann man Sie am ausgestreckten Arm verhungern lassen, und dann nützt Ihnen das Lob vom Chef für revolutionäre Ideen auch nicht mehr viel.

Beschränken Sie sich im ersten Jahr am besten auf Beobachtungen und Fragen, anstatt zu kritisieren, was Sie möglicherweise nur noch nicht richtig verstanden haben oder noch nicht richtig bewerten können.

Unterfordert? Besonders auffällige Variante des Neue-Besen-Syndroms: Jobanfänger mit Überfliegerstatus erledigt anfallende Routinearbeiten mit erkennbarer Langeweile, wenn nicht mit offensichtlicher Entrüstung. Die verstellt ihm wahrscheinlich die Sicht auf ein paar wichtige Erkenntnisse: Erstens müssen Jobanfänger nun mal häufig Routinearbeiten erledigen, weil sie sich für komplexere Aufgaben noch nicht gut genug auskennen und weil der Chef erst mal sehen will, wie sich ein Neuling so bewährt. Und zweitens macht jemand, der einen Job gelangweilt erledigt, in der Regel jede Menge Schlamperei-Fehler. Die jedoch führen kaum dazu, dass er das nächste Mal einen anspruchsvolleren Arbeitsauftrag anvertraut bekommt.

Im Berufsleben muss jeder gelegentlich Aufgaben erledigen, für die er überqualifiziert ist. Gewissenhafte Erledigung wird trotzdem wie selbstverständlich vorausgesetzt. Besonders bei Jobanfängern.

Auf Kollegenrituale achten. Damit könnte man ganze Handbücher füllen: Wer ist wann mit Spülen dran, wer mit Kaffeekochen und wer mit Besorgungen fürs Mittagessen? Wie werden Zigarettenpausen gehandhabt, und wie reagieren die Nichtraucherkollegen darauf? Wer muss wann was sauber machen? Wie ist die allgemeine Einstellung zu Fragen der Ordnung und Pünktlichkeit? Wie einigt man sich darüber, wer wann in Urlaub geht? Wer bietet wem wann das Du an? Wie ist der Ehrenkodex in Sachen Überstunden, und wie genau werden Mittagspausen eingehalten? Ist Musik am Arbeitsplatz okay (wenn ja: welche) oder für mindestens einen Kollegen ein rotes Tuch? Und was ist mit Essen am Arbeitsplatz: Freie Wahl von Döner bis Kohlsuppe – oder zwangsweise Beschränkung auf weitgehend geruch-, krümel- und kleckerfreie Gerichte? Und dann die Privatgespräche: jederzeit gang und gäbe oder eindeutig ein Störfaktor für gestresste Kollegen?

Nicht alle diese Rituale und Gepflogenheiten sind auf den ersten Blick erkennbar. Gerade deshalb ist es ratsam, sich auf dem Gebiet ganz genau umzuschauen oder – noch besser – von vornherein ein paar Fragen zum Thema zu stellen und dann alles, was man so herausfindet, möglichst genau zu beachten, zumindest am Anfang. Denn wer sich einreiht, signalisiert Aufmerksamkeit und Anpassungsbereitschaft – beides ziemlich wichtig, wenn es um Dinge geht, auf die die Kollegen „nun mal Wert legen". Schließlich ist es nur menschlich, dass sie wenigstens in dem persönlichen Bereich, in den ihnen der Chef ausnahmsweise nicht reinreden kann, alles haarklein ihren Vorstellungen und Gewohnheiten entsprechend haben wollen.

> Ohne den Rückhalt und die Kooperationsbereitschaft der Kollegen bringt man es gerade als „Neuer" nicht weit. Also tun Sie ihnen den Gefallen und passen Sie sich wenigstens ein bisschen an.

Die Regeln am Arbeitsplatz. Kollegenrituale, Chefgewohnheiten, Eindrucks-Fallen: Im Grunde geht es immer um Regeln, geschriebene und ungeschriebene. Regeln sind einerseits praktisch, denn sie sagen, was erlaubt, machbar oder möglich ist. Andererseits sind sie aus mehreren Gründen ziemlich lästig. Erstens muss man sie lernen (oder vorher sogar erst mal erkennen, sofern sie nicht irgendwo offiziell verkündet werden), zweitens gibt es meistens jede Menge Ausnahmen, die man auch lernen muss, und drittens sind Regeln des Öfteren veraltet, sinnlos, kontraproduktiv oder einfach überflüssig. Trotzdem führt für Jobanfänger kein Weg daran vorbei, sich mit dem Regelwerk am Arbeitsplatz gründlich auseinander zu setzen:

- **Sie legen gutes Benehmen an den Tag.** Denn dazu gehört wie selbstverständlich, dass man sich als Neuling in einer Gruppe den dortigen Gepflogenheiten (erst mal) möglichst harmonisch anpasst.

- **Sie erwecken Vertrauen.** Wer erkennbar Regeln einhält, wirkt allein dadurch Vertrauen erweckend und – noch praktischer – kann so das Image seiner Leistung ganz beträchtlich aufwerten.

- **Sie vermeiden Fettnäpfchen.** Dummerweise sieht man es den meisten Menschen nicht an, welche Regeln sie kennen und auf welche Regeln sie besonderen Wert legen. Aber manchmal kann man ihnen ansehen, was sie so denken, wenn jemand aus offensichtlicher Unkenntnis gegen eine allgemein bekannte Regel verstößt.

- **Sie wissen, was sie tun, *wenn* sie eine Regel brechen.** Und können genau das im Zweifelsfalle gescheit und eindrucksvoll erläutern – um den Stempel „Regel-Trottel“ zu vermeiden und sogar, um mit ihren Regelverstößen wohl kalkulierte Ziele zu erreichen.

3. Leistung ist gut, gute Laune ist besser

Menschliche Qualitäten als Schlüssel zum Erfolg

„Ein Mensch ohne Lächeln sollte kein Geschäft aufmachen.“

Chinesisches Sprichwort

Schon mal was von „Soft Skills“ gehört? Wer keine ausreichende Fachkompetenz vorweisen kann, wird es kaum ins Finale einer Bewerbungsrunde bringen. Doch ist erst mal ein Job gefunden und die Probezeit überstanden, dann sind in immer stärkerem Maße Eigenschaften gefragt, die mit dem gesammelten Wissen rein gar nichts zu tun haben. Karriereratgeber und Soziologen nennen sie „Soft Skills“, „Sozialkompetenz“ oder „emotionale Intelligenz“. Gemeint ist die Fähigkeit, gut mit den eigenen Emotionen und denen der anderen umzugehen. Und das wiederum bedeutet im Klartext:

- die eigenen Gefühle, Sympathien, Antipathien und Stimmungsschwankungen halbwegs im Griff haben;
- seiner Umwelt ein Mindestmaß an Aufmerksamkeit, Freundlichkeit und aufrichtigem Interesse entgegenbringen;

- Egotrips durch Kompromissbereitschaft und Teamarbeit ersetzen;
- auf den Einsatz von Kritik mit dem Holzhammer verzichten und dafür gelegentlich ein paar Anstrengungen in Sachen Selbstkritik unternehmen;
- nicht nur Chefs, Erbtanten und andere Wichtigmenschen in den Genuss all dieser wunderbaren Eigenschaften bringen, sondern auch alle anderen, mit denen man im Laufe eines Tages in Berührung kommt, vom Briefträger bis zur Kassiererin.

Hohe Sozialkompetenz bringt allgemeine Anerkennung, auch wenn die Leistungen eher Durchschnitt sind. Denn ein angenehmes Wesen prägt das Image nachhaltiger als „nur" Erfolgsmeldungen auf der Arbeitsebene.

Für „Macher" und Perfektionisten ist das gelegentlich eine bittere Pille: Sie hetzen von einer Aufgabe zur nächsten, verzichten auf Pausen und Privatleben, holen rücksichtslos das Letzte aus sich (und anderen) heraus, um die Firma voranzubringen – und trotzdem riskieren sie, dass ihre Karriere genau dadurch auf der Strecke bleibt. Ganz einfach, weil sie mit ihrer einseitigen Ausrichtung auf Leistung im Laufe der Zeit zu viele Mitmenschen vor den Kopf gestoßen, verprellt, verärgert oder enttäuscht haben. (Gelegentliche Ausnahmen, die es trotzdem bis an die Spitze von Weltkonzernen bringen, bestätigen letztlich die Regel, wie sich dann meistens irgendwann in Klatsch-Biografien und Enthüllungsberichten nachlesen lässt.)

Herzensbildung für den Arbeitsplatz. Wenn Sie sich von Geburt an durch ein ebenso ausgeglichenes wie einfühlsames Wesen auszeichnen, weder mit Kritik noch mit Kompromissen das leiseste Problem haben und in Ihrer Umgebung allgemein beliebt und anerkannt sind: herzlichen Glückwunsch! Sie können den Rest dieses

Kapitels überspringen, denn Sie machen automatisch richtig, was andere Leute zum Teil erst mühsam lernen müssen.

Kleine Pausen, große Wirkung. Nicht jedes Gespräch am Arbeitsplatz muss sich zwangsläufig um Pflichten drehen, im Gegenteil – hier und da ein privater Plausch macht das Jobleben für die meisten Menschen erst erträglich. Genau deshalb sollte für einen kurzen Plausch zwischendurch auch im größten Stress hin und wieder Zeit sein. „Keine Zeit" ist als Ausrede nur begrenzt tauglich, denn Zeit hat man rein theoretisch immer satt. Es stellt sich allein die Frage, *wofür* man sich Zeit nehmen will.

Erfolgreiche Führungskräfte gönnen sich daher trotz vollgepackter Schreibtische bereitwillig fünf Minuten (bei wichtigen Gesprächspartnern auch gerne mehr), wenn sich die Gelegenheit zu einem kleinen „informellen" Gespräch bietet. So bleibt vielleicht Arbeit liegen, aber deren schnelle Erledigung ist unterm Strich sowieso längst nicht so wichtig wie die tägliche Beziehungspflege.

> Lieber Arbeit liegen als die anderen stehen lassen.

Aufmerksamkeit ist Trumpf. Der gepflegte Fünf-Minuten-Smalltalk bekommt menschlichen Tiefgang immer dann, wenn Sie Ihrem Gesprächspartner aufrichtiges Interesse entgegenbringen und nicht gleich wieder vergessen, was er Ihnen so erzählt. Viele sonst eher um Distanz bemühte Chefs (und die Kollegen sowieso) geben in dieser Gesprächssituation nämlich kleine persönliche Dinge preis, vom bevorzugten Urlaubsland bis zum anstehenden Kindergeburtstag. Wer sich diese persönlichen Details merkt, hat immer einen Anknüpfungspunkt für das nächste kleine Zwischendurchgespräch („Im neuen GEO steht ein Artikel über Ihre Lieblingsgegend!", „Wie war der Geburtstagskuchen?") und kann so ein bisschen beziehungsfördernde Nähe herstellen.

Am erfolgreichsten sind Sie mit Ihren Gesprächsangeboten, wenn Sie unaufdringlich vorgehen und sich auf unverfängliche Themen beschränken, anstatt Chefs und Kollegen voller Mitgefühl auf ihre letzten Patzer anzusprechen.

Die Gefühle unter Kontrolle. Nichts einleuchtender als das. Und kaum etwas schwieriger als das, besonders im Arbeitsleben, wo erstens immer alle unter Zeitdruck sind und man zweitens zur Zusammenarbeit auch mit solchen Leuten gezwungen ist, die man nun mal partout nicht leiden kann. Und trotzdem sind alle Anstrengungen, seine Mitmenschen mit heftigeren Stimmungsschwankungen möglichst zu verschonen, garantiert die Mühe wert – und zwar nicht nur am Arbeitsplatz, sondern auch im Privatleben.

Vorsicht vor schnellen Urteilen. Spontane Sympathie ist immer eine angenehme Sache für den, der in ihren Genuss kommt. Problematisch wird es erst dann, wenn die Sympathie genauso plötzlich wie unerklärlich wieder entzogen wird und den Betroffenen damit völlig verunsichert zurücklässt. Und wenn sie von ihrer unangenehmen Kehrseite, der Abneigung, begleitet wird. Leute mit einer starken Neigung zur spontanen Sympathie entwickeln nämlich häufig genauso spontan starke Aversionen gegen bestimmte Mitmenschen, ohne dass die jemals dahinterkommen könnten, was eigentlich los ist. In der Geschäftswelt ist diese Neigung zum schnellen Urteil über „nett" und „blöd" (die übrigens in Karriereratgebern überwiegend Frauen zugeschrieben wird) lästig bis fatal und auf alle Fälle ein Zeichen mangelnder Professionalität.

Ihr Chef interessiert sich nicht für Ihre persönlichen Sympathien und Abneigungen, sondern ausschließlich für die Leistungen, die seine Mitarbeiter als Team zustande bringen.

Stimmungsbarometer möglichst stabil halten. In der Regel sind spontan vergebene Sympathiewerte ebenso wie der Grad an Freundlichkeit, Kritikfähigkeit und allgemeiner Nervenstärke schlicht und ergreifend von der Tagesform abhängig, sprich: von der Laune. Ist sie gut bis strahlend, dann ist alles bestens, der Job ein Traum, Kollegen und Chefs die denkbar besten unter der Sonne und jeder Scherz ein Treffer.

Aber wehe, sie ist schlecht. Dann sind Krach und Knatsch schneller auf dem Tisch als der erste Kaffee, und das oft aus heiterem Himmel. Denn Laune ist ansteckend. Gute, aber auch schlechte. Wer morgens schon mit schlechter Laune ins Büro kommt, hat todsicher spätestens ein Viertelstündchen später Krach mit drei Kollegen. Und noch ein Viertelstündchen später Knatsch mit dem Chef. Vorgesetzte sehen es nämlich grundsätzlich am liebsten, „wenn sich alle vertragen“: Dann bringen ihre Schäfchen ordentliche Leistungen, anstatt kostbare Arbeitszeit mit Gezänk zu verschwenden, dem sie dann irgendwann als salomonische Schlichter ein Ende setzen müssten (eine Rolle, die Chefs erfahrungsgemäß weder gerne noch gut spielen).

Daraus folgt: Vorgesetzte wissen Leistung bestimmt zu schätzen. Doch zuverlässig gute Laune schätzen sie noch ein bisschen mehr. Und das ist ein genialer Grund, mit gutem Gewissen selbst im größten Stress einen Gang zurückzuschalten und dafür die anderen wieder mit einem freundlichen Lächeln zu beglücken.

> Im Notfall können Sie die schlimmsten Schlechte-Laune-Schäden vermeiden, indem Sie die anderen gleich morgens warnen: „Heute ist nicht mein Tag.“ Da weiß jeder gleich Bescheid und kommt Ihnen lieber nicht zu nahe.

Kollegialität. Eng verwandt mit den segensreichen Auswirkungen stabil guter Laune. Allerdings mit etwas mehr persönlichem Einsatz verbunden, in erster Linie mit einem deutlich erkennbaren Ausmaß an Hilfsbereitschaft, Zuverlässigkeit, Kompromissbereitschaft und Loyalität. Das ist manchmal ein hoher Einsatz, weil er ganz schön in Arbeit ausarten kann und gewissen „gewöhnungsbedürftigen" Kollegen gegenüber auch nicht immer leicht fällt. Trotzdem wird dieser Einsatz immer belohnt. Ein gutes Verhältnis zu den Kollegen ist nämlich Gold wert. Es schützt vor Mobbing, weil über nette Kollegen nicht bösartig getratscht wird. Die Arbeit macht mehr Spaß, wenn die Atmosphäre entspannt ist. Besonders wichtig: In schwierigen Situationen sind es die Kollegen, die Rat und Hilfe bieten können. Und nicht zuletzt machen Sie Ihren Chef glücklich, wenn Sie sich mit den Kollegen verstehen, denn gute Stimmung im Team ist die beste Garantie für gute Arbeitsleistungen.

Teamfähigkeit ist heute eine heiß begehrte Eigenschaft, der genialische Einzelkämpfer hingegen ein Auslaufmodell. Denn die Leistung von Teams ist regelmäßig größer als die Summe aller Einzelleistungen der Teammitglieder.

Zuverlässigkeit. Was damit gemeint ist, weiß jeder: Auf einen zuverlässigen Mitarbeiter kann man sich voll verlassen. Er ist immer pünktlich, feiert nie krank und erledigt garantiert jede Arbeit gewissenhaft, verantwortungsbewusst und ohne weiteres Nachhaken und Kontrollieren. Wie segensreich Zuverlässigkeit sich auf das Verhältnis zum Chef auswirken kann, weiß hingegen kaum jemand. Dabei lässt sich mit schöner Regelmäßigkeit beobachten, dass Chefs von zuverlässigen Mitarbeitern regelrecht begeistert sind, auch wenn die auf der Arbeitsebene nicht mehr als guten Durchschnitt bieten.

Es ist manchmal lohnender, an seiner Zuverlässigkeit zu arbeiten als an seinem Leistungsniveau.

Können Sie mit Kritik umgehen? Kritik äußern und Kritik einstecken – im Privatleben kann man in diesen Situationen vielleicht nach Lust und Laune verfahren, aber am Arbeitsplatz führen sie regelmäßig auf dünnes Eis. Mit unüberlegt heftig geäußerter Kritik (können gerade die Deutschen besonders gut) und unüberlegt heftigen Reaktionen auf Kritik kann man sich ziemlich schnell alle vorhandenen Sympathien verscherzen. Daher ist es vielleicht mühsam, aber ausgesprochen klug, so früh und so gut wie möglich zu lernen, wie man am besten mit Kritik umgeht.

Kritik äußern. Rein theoretisch ist Kritik dazu da, erstens auf Fehler, unerwünschtes Verhalten oder sonstige aus der Sicht des Kritikers vorhandenen Mängel hinzuweisen und zweitens den Kritisierten dazu anzuregen, sein Verhalten in Zukunft zu ändern. Die große Kunst besteht darin, Teil eins so diplomatisch zu gestalten, dass Teil zwei noch funktioniert. Und das gelingt am ehesten, wenn man ein paar Regeln im Auge behält:

- Kritik grundsätzlich unter vier Augen äußern;
- auf der sprachlichen Ebene sachlich und auf der inhaltlichen Ebene immer bei dem konkreten Vorfall bleiben (anstatt sich zu einer globalen Persönlichkeitsanalyse aufzuschwingen);
- sich um einen halbwegs freundlichen Gesichtsausdruck bemühen, auch wenn man innerlich noch so schäumt;
- den anderen Stellung nehmen lassen und ihm auch tatsächlich zuhören.

Tabu ist alles, was Sie selbst wahrscheinlich auch unerträglich finden: lautstarkes Schimpfen, Übertreibungen oder Generalabrechnungen mit dem gesamten Sündenregister seit dem Sandkasten.

Für Kritik am Chef gelten spezielle Vorsichtsmaßnahmen: einen ruhigen Moment abwarten, besonders behutsam formulieren und auf ein Thema beschränken. Wenn alles gesagt ist, freundlich das Thema wechseln. Und nicht zu viel erwarten.

Kritik einstecken. Das ist der schwere Teil der Übung. Gerade deshalb lohnt sich konsequentes Training. Und das heißt im Ernstfall:

- bei Kritik erst mal zuhören und den anderen ausreden lassen;
- bei schwer wiegender gerechtfertigter Kritik lieber eine Nacht drüber schlafen, als sich vehement zu verteidigen (tut man gerne, wenn der andere ins Schwarze trifft) und so möglicherweise in einen Streit zu schlittern;
- angedeutete Kritik freiwillig und frühzeitig entschlüsseln, anstatt seelenruhig verschärfte Warnschüsse abzuwarten;
- Fehler zugeben (und erkennbar daraus lernen), anstatt gerechtfertigte Kritik auf andere abzuwälzen.

Die meisten Chefs drücken sich davor, Kritik zu äußern, weil diese Gespräche so schrecklich unangenehm werden können. Wenn sie es trotzdem tun, geht ihnen etwas ernsthaft auf den Wecker, und Sie sollten alles daran setzen, dieses Etwas in den Griff zu bekommen.

Ungerechtfertigte oder kränkende Kritik müssen Sie natürlich nicht einfach ertragen. Allerdings empfiehlt es sich zumindest in überhitzten Situationen, auf energischen Widerspruch erst mal zu verzichten und die Diskussion stattdessen diplomatisch zu vertagen, bis sich die Gemüter wieder halbwegs beruhigt haben und eine etwas konstruktivere Gesprächsführung möglich scheint.

Selbstkritik. Tja, die gehört nun mal auch zur Kritikfähigkeit dazu. Man muss sie nicht bis zur schonungslosen 24-Stunden-Analyse betreiben, weil die letztlich von der Arbeit abhält, anstatt sie zu verbessern, und das Selbstbewusstsein ganz schnell unter den überlebensnotwendigen Mindestpegel sinken lassen kann. Aber hier und da ein paar kritische Fragen an das eigene Ich, was den Umgang mit der Arbeit und vor allem mit den Mitmenschen betrifft, sind immer eine gute Idee. Sie verhindern nämlich zuverlässig, dass man irgendwann abhebt – oder imagemäßig im Keller landet.

Eine gute Alternative zur Selbstkritik sind Meinungsumfragen bei Chefs und Kollegen: Wer aus freien Stücken um Feedback bittet, erntet für diesen Mut immer gleich eine Extraportion Respekt.

Arbeiten Sie mit Netz? Gute Beziehungen, persönliche Kontakte, direkte Drähte – bei Menschen mit hoher Sozialkompetenz wächst und gedeiht ein solches Netzwerk wie von alleine. Und das ist auch ziemlich gut so, denn Netzwerke spielen im Arbeitsleben eine immer größere Rolle: je mehr Kontakte, desto mehr Tipps, Informationen, Rat und Hilfe, Beifall, Spaß, Erfolg und – nicht zu vergessen – Schutz vor Intrigen. In den Genuss dieser überaus angenehmen Dinge kann auch kommen, wer in Sachen Sozialkompetenz die eine oder andere kleine Schwäche hat – Hauptsache, er beherzigt zwei einfache Grundsätze:

- **Ein gutes Netzwerk ist vielseitig.** Es besteht nicht nur aus besten Freunden, sondern auch aus netten Kollegen und Mitarbeitern, Urlaubsbekanntschaften, den Nachbarn von gegenüber und dem hilfsbereiten Hausmeister. Kluge Netzwerker orientieren sich nicht an Rangordnungen und noch weniger an dem nüchternen

Kalkül, was denn ein neuer Kontakt wohl konkret „bringen“ könnte. Denn was der bringt oder nicht bringt, ist schon für die Gegenwart kaum einzuschätzen und für die Zukunft schlicht nicht abzusehen. Und wer so kalkuliert, hat die Sache mit den sozialen Kompetenzen sowieso noch nicht richtig verstanden.

- **Netzwerke basieren auf Gegenseitigkeit.** Wenn Sie viel von Ihren Kontakten haben wollen, sollten Sie sich auch selbst nicht lumpen lassen, wenn es um kleinere und größere Gefallen geht.

Pflegen Sie Ihr Netzwerk: Gelegentlich ein kleiner „Wie-geht's-Dir?"-Anruf, Geburtstagsglückwünsche und Grüße aus dem Urlaub bekommt jeder gerne, hier und da eine Einladung zum Essen noch lieber. Allerdings nur, wenn diese kleinen Gesten nicht gleich wieder mit kleinen Bitten verknüpft werden.

4. Gut geplant ist halb gewonnen

Organisationstalent bringt viel Anerkennung für wenig Aufwand

„Es ist nicht wenig Zeit, die wir haben, sondern viel Zeit, die wir nicht nutzen."

Sokrates

Manche Menschen haben schon im Kindesalter ihre Buntstiftschachteln und Spielzeugregale tadellos in Ordnung gehalten, planen im Januar Arzttermine und Urlaubstage für das ganze Jahr und haben Kalender, Notizbuch und Heftpflaster (für Notfälle) immer griffbereit. Anderen Menschen gelingt es trotz bester Vorsätze nie, sich wichtige Termine zu merken, Garantiescheine wiederzufinden oder wenigstens ihre Socken richtig zusammenzusortieren.

Für diese zweite Gruppe gibt es allerdings eine gute Nachricht: Organisation ist nicht unbedingt ein angeborenes Talent wie Musikalität oder Sprachbegabung – Organisation kann man lernen, bei ausreichendem Interesse sogar ziemlich schnell. Der eigene Arbeitsplatz ist ein hervorragendes Ganztages-Trainingslager, deshalb reichen ein paar Wochen in der Regel völlig aus. In denen müssen sich extrem chaotische Fälle vielleicht besonders viel ab- und angewöhnen, aber was sind schon ein paar mühsame Wochen im

Vergleich zu den Vorteilen, die man ein ganzes Arbeitsleben lang davon hat? Und diese Vorteile sind wirklich unübersehbar: Effiziente Arbeitsorganisation wirkt kompetent und Vertrauen erweckend und führt schneller zu besseren Arbeitsergebnissen.

Werkzeugkasten Arbeitsorganisation. Das, was jetzt kommt, ist für Sie vielleicht völlig selbstverständlich. Dann sind Sie aber eher die Ausnahme. Tatsache ist, dass jungen wie altgedienten Mitarbeitern in diesem Routinebereich Fehler und Fahrlässigkeiten unterlaufen, die ihren Chefs den Rest geben. Ungerecht, aber nachvollziehbar: In Stresssituationen kann es durchaus sein, dass Ihr Chef Ihre gelegentlichen Tippfehler zum Anlass für einen grandiosen Wutanfall nimmt, anstatt seine Kritik angesichts Ihrer Leistungen in anderen Bereichen in einem erträglichen Rahmen zu halten.

> Behalten Sie im Auge, auf welche arbeitstechnischen Details Ihr Chef Wert legt und welche „Kleinigkeiten" ihn besonders auf die Palme bringen.

Adressen pflegen. Adressen sind die Arbeitsgrundlage für fast jeden Job. Anschriften von Kunden, Handynummern von Geschäftspartnern, Webseiten von Großhändlern – ohne aktuelle Daten kann da selbst Routinearbeit in Zeit raubenden Aktionismus ausarten, von der mühsamen Adressrecherche bei Kollegen bis zu Zwangsaufenthalten in der Warteschleife der Telefonauskunft. Handschriftlich geführte Adressbücher und vergilbte Karteikarten sind nur bedingt tauglich, um den Herausforderungen moderner Kommunikationswege gerecht zu werden. Wesentlich sinnvoller ist eine persönliche Adressdatei im Computer. Deren Wert hängt allerdings nicht unwesentlich davon ab, in welchen Abständen sie aktualisiert wird. „Gelegentlich" ist eindeutig zu wenig. Wer keine Zeit hat, seine Adresssammlung regelmäßig auf den neuesten Stand zu bringen, könnte immerhin versuchen, dem Chef ein paar Euro für eine Aushilfe abzuringen, die diesen Job erledigt. Die Kosten dafür dürften kaum höher sein als diejenigen, die sonst durch vergebliche Kontaktversuche mit Karteileichen entstehen, von „Empfänger unbekannt verzogen" bis „Kein Anschluss unter dieser Nummer".

Adressen haben eine Halbwertszeit von maximal sechs Monaten. Danach ist eine Aktualisierung fällig.

Notizen machen. Notizen bringen Ihnen Pluspunkte bei anderen, denn sie demonstrieren Aufmerksamkeit. Sie bringen allerdings auch Ihnen selbst handfeste Vorteile, insbesondere als Merkblatt und Gedächtnisstütze. Ohne Notizen ist nicht auszuschließen, dass Sie wichtige Informationen gleich wieder vergessen, kompliziertere Arbeitsaufträge nur teilweise erledigen und dringende Angelegenheiten, die Ihnen gerade noch siedend heiß durch den Kopf schossen, Sekunden später doch wieder aus den Augen verlieren. Grundsätzlich gilt: Je größer der Stress, desto unabdingbarer ein Notizbuch. Schick muss es nicht sein, dafür aber möglichst groß, robust und am besten mit Spiralbindung, damit einem nicht gleich alles entgegenflattert, wenn man mal eine Seite rausreißt.

Immer alles gleich aufschreiben – sonst blockieren Sie im Hirn Speicherkapazität, die Sie eigentlich für andere Dinge brauchen.

Terminkalender führen. Der Terminkalender bildet gemeinsam mit Adressdateien und Notizen das *Trio genial* der Organisation am Arbeitsplatz. Ein gut geführter Terminkalender erinnert nicht nur an Termine, sondern auch an Fristen, Wiedervorlagen und demnächst fällige Mails, Briefe und Telefonate. Da kommt pro Tag eine ganze Menge zusammen, was man sich sonst mühsam (und trotzdem oft vergeblich) merken müsste. Ob Sie Ihren Terminkalender im PC oder auf Papier führen, bleibt ganz Ihren persönlichen Vorlieben überlassen, weil sich die Vor- und Nachteile beider Varianten unterm Strich ausgleichen. Wichtig ist allein, dass Sie ihn, genau wie Ihre Adressen, immer vollständig und immer aktuell halten, anstatt „auf die Schnelle" dann doch mal irgendeine wichtige Terminänderung auf einem losen Zettel zu notieren, der dann wahrscheinlich prompt verloren geht.

Führen Sie am besten *einen* Terminkalender für Berufliches *und* Privates, wenn Sie sichergehen wollen, nicht aus Versehen denselben Termin doppelt zu verplanen.

Zeitmanagement. Das ist das Zauberwort dafür, wie man mit seiner Arbeitszeit am sinnvollsten umgeht und wie man Termine stressfrei organisiert. Je stärker Ihr Job von Terminen bestimmt ist, desto mehr lohnt es sich, den Umgang damit zu lernen, denn Chefs, Kollegen und Geschäftspartner werden Sie allein dafür jeden Abend in ihr Nachtgebet einschließen. Besonders beliebt:

- **Termine, die pünktlich und stressfrei stattfinden,** weil Sie in Ihrer Planung auch Platz für An- und Abfahrt, diverse Unwägbarkeiten von Stau bis Parkplatzsuche sowie für kleine Erholungspausen zwischendurch lassen.

- **Terminvorgaben,** die Sie ganz von allein und ohne jedes Kontrollieren, Nachfragen und Aushandeln von letzten Verlängerungen einhalten.

- **Terminvorgaben für Dritte,** die Sie kontinuierlich im Auge behalten und bei Bedarf freundlich daran erinnern und nachhaken, anstatt erst loszuzetern, wenn alles zu spät ist.

- **Frühzeitige Warnungen,** wenn ein Termin voraussichtlich beim besten Willen nicht eingehalten werden kann – gepaart mit konstruktiven Rettungsvorschlägen oder wenigstens mit liebenswürdigem Vertrösten.

Das wahre Geheimnis guten Zeitmanagements sind die Lücken im Terminkalender: Pufferzeiten für Unvorgesehenes, Erholungspausen vor allem an anstrengenden Tagen und bei Bedarf die eine oder andere störungsfreie Stunde dank hilfsbereiter Kollegen, geschlossener Türen und umgestellter Telefone.

Akten, Ablage & Co. Das sind so ziemlich die unbeliebtesten Teilbereiche des Arbeitslebens – weil es nicht nur langweilig, sondern auch Zeit raubend ist, die Berge an Informationen aller Art, die jeden Tag reinkommen und rausgehen, möglichst sinnvoll zu ordnen und zu archivieren. Aber es hilft nichts: Ohne halbwegs transparente Aktenführung (auch im PC) haben vielleicht Sie persönlich für den Moment den Durchblick, aber spätestens in einem halben Jahr sind weder Chefs oder Urlaubsvertretungen noch Sie selbst in der Lage, einen Vorgang noch umfassend zu rekonstruieren. Genau das ist aber erfahrungsgemäß mit schöner Regelmäßigkeit ebenso plötzlich wie dringend erforderlich, zum Beispiel bei Auseinandersetzungen darüber, ob ein bestimmter Auftrag nun wie vereinbart erfüllt wurde oder nicht. Für solche Situationen sorgt man am besten vor:

- Akten für Außenstehende nachvollziehbar strukturieren;
- einzelne Schriftstücke bei Bedarf durch kurze Kommentare erklären oder ergänzen;
- für Notfälle pro Vorgang ein Deckblatt mit wichtigen Telefonnummern anlegen;
- alle bedeutenden E-Mail-Schriftstücke ausdrucken und abheften.

Wenn Sie regelmäßig einmal die Woche Ablage machen, ersparen Sie sich hektisches Suchen im unpassendsten Moment.

Basics fürs Telefonieren. Dem richtigen Umgang mit Telefonen und Handys sind in modernen Benimmführern inzwischen ganze Kapitel gewidmet. Kein Wunder: Inzwischen weiß man, dass auch am Telefon der erste Eindruck innerhalb von sieben Sekunden feststeht – und dass er nur zu zehn Prozent davon abhängt, *was* Sie sagen. Viel entscheidender ist all das, was Ihr Gesprächspartner von den äußeren Umständen des Gesprächs und von Ihrer inneren Einstellung mitbekommt. Und das ist so unglaublich viel, dass es sich lohnt, ein paar goldene Regeln zu verinnerlichen:

- **„Störe ich Sie gerade?“** ist inzwischen nicht nur bei Handytelefonaten, sondern auch im Festnetz ein Muss.

- Sie sollten alle wichtigen **Informationen zur Sicherheit noch mal wiederholen** (und am besten gleich aufschreiben), weil es am Telefon besonders gerne zu lästigen Missverständnissen kommt.

- **Anrufbeantworter** sind nur dann sinnvoll, wenn man bereit ist, sie regelmäßig abzuhören und erbetene Rückrufe nicht bis zum jüngsten Tag zu verschieben.

- **Tabu** ist alles, was wahrscheinlich auch Sie selbst nicht ausstehen können: sich ohne Namen melden, kommentarlos weiterverbinden, nebenbei auf der Tastatur rumklimpern und mit der Post rascheln, den Anrufer in der Leitung hängen lassen oder ihn mit einem resoluten „Da sind Sie bei mir aber völlig falsch!“ wieder an den Start schicken.

Basics für E-Mails und Briefe. Korrespondenz gehört zu den meisten Jobs wie Räder zum Auto – ohne geht's einfach nicht. Dann lieber gleich im Auge behalten, worauf es besonders ankommt:

- **Korrekturlesen.** Das ist ein Muss, selbst im größten Stress und entgegen anders lautenden Gerüchten auch bei E-Mails. Wer auch von hinten nach vorne Korrektur liest, findet garantiert Fehler, die er sonst übersehen hätte.

- **Korrekte Anrede.** Die fehlerhafte Schreibung von Namen, fehlende Titel und die Anrede „Sehr geehrte Damen und Herren" machen die Adressaten nicht gerade neugierig auf den Rest Ihrer Nachricht.

- **Vollständige Adressen und Absender,** damit Ihr Adressat Ihre Nachricht erstens bekommt (bei Mails an info@ oder webmaster@ eher selten) und zweitens auf die Weise beantworten kann, die ihm angemessen scheint, und das ist vielleicht keine E-Mail, sondern ein Anruf, Brief oder Fax.

- **Lesefreundlicher Aufbau** durch klare Gliederung, viele Absätze und eine Schriftgröße nicht unter zehn Punkt.

Alles, was länger ist als eine Seite, wird höchstwahrscheinlich nicht gelesen.

Checklisten und Manöverkritik. Beides zusammen ist das A und O jedes Arbeitsauftrags. Bevor es losgeht, können Sie – im Zweifelsfalle nach ausführlicher Befragung von Chefs und Kollegen – in einer Checkliste haarklein aufschreiben, wer wann was zu tun hat. Das erleichtert gerade bei komplexeren Aufträgen die Übersicht und verhindert, dass mitten in der heißen Phase irgendein kleines, aber wichtiges Detail übersehen wird. Und wenn alles vorbei ist, können Sie in einer kurzen Manöverkritik für die Nachwelt (und vor allem für sich selbst, nur für den Fall, dass Sie noch mal etwas Ähnliches stemmen müssen) genau festhalten, was alles gut gelaufen ist, was weniger gut gelaufen ist und wie man es voraussichtlich besser machen könnte.

Checklisten und Manöverkritiken sollte in Kopie jeder bekommen, der irgendwie damit zu tun hat. Darüber hinaus gehören beide an einen leicht wiederzufindenden Platz in der Akte.

Notlügen. Hier kommen wir zum theoretischen Bereich des Handwerkszeugs für die Organisation am Arbeitsplatz: Notlügen sind zwar nicht so greifbar wie Notizbücher und Terminkalender, aber sie spielen für die tägliche Berufspraxis nun mal trotzdem eine unübersehbare Rolle. Deshalb gilt: Verwenden Sie immer möglichst glaubhafte oder zumindest allgemein akzeptierte Notlügen („Ich bin zu spät, weil ich noch einen dringenden Anruf auf dem Handy hatte.“) und behalten Sie in etwa im Kopf, wem Sie welche angedreht haben, damit Sie sich hinterher nicht in peinliche Widersprüche verwickeln.

Wenn Ihnen im Job an einem Mindestmaß an Glaubwürdigkeit gelegen ist, sollten Sie gelegentlich nachzählen, wie viele Notlügen Sie pro Woche unters Volk streuen.

Gefallen, Vereinbarungen, Versprechen. Schnell ausgesprochen und manchmal noch schneller vergessen. Was Gefallen und Versprechen betrifft, so können Sie mit kaum etwas so schnell die Herzen erobern wie mit Dingen, die für einen anderen ohne Ihre Hilfe schwer oder gar nicht erreichbar sind. Jedenfalls dann, wenn Ihren Worten auch die angekündigten Taten folgen. Bleiben die aus, dann weicht bei demjenigen, dem Sie etwas versprochen haben, die Freude dem Frust. Ihre Sympathiewerte rutschen dadurch möglicherweise so sehr in den Keller, dass es unterm Strich eindeutig klüger gewesen wäre, auf dieses offensichtlich halbherzige Versprechen lieber von vornherein zu verzichten. Bei vergessenen Vereinbarungen kommt erschwerend hinzu, dass sie am Arbeitsplatz handfesten

Ärger auslösen können, wenn jemand sich auf sie (und Sie) verlassen hat. Übel könnte es für Sie übrigens auch dann ausgehen, wenn ein Kollege oder Ihr Chef das Gefühl hat, dass Sie etwas hinter seinem Rücken vereinbart haben.

Informieren Sie Kollegen und Chefs routinemäßig über Vereinbarungen, die sie in irgendeiner Form betreffen könnten – und setzen Sie alle Hebel in Bewegung, wenn Ihr Chef Sie um „einen kleinen Gefallen" bittet.

Sauberkeit, Ordnung, Pünktlichkeit. Das klingt jetzt sehr nach Spießers kleiner Benimmschule. Aber wer hier leicht verächtlich „weiß doch jeder" murmelt, der hat sich womöglich noch nie richtig über den real existierenden Abgrund zwischen „wissen" und „tun" Gedanken gemacht. So passiert in Sachen Sauberkeit kaum etwas freiwillig und aus eigenem Antrieb, wie sich an allgemein verdreckten Tastaturen und den ewigen Streitereien darüber erkennen lässt, wer jetzt mit Teeküchesaubermachen und Werkstattausfegen dran ist.

Was die Ordnung betrifft, so hat sich immer noch nicht überall herumgesprochen, dass ein Mitarbeiter mit einem aufgeräumten Arbeitsplatz seinem Chef tausendmal mehr Vertrauen einflößt als einer, der zwar fachlich und menschlich kompetenter, aber ganz offensichtlich damit überfordert ist, das Chaos an seinem Arbeitsplatz in überschaubare Bahnen zu lenken. Und wenn jeder wüsste, dass Pünktlichkeit auf der Liste der beliebtesten Mitarbeitereigenschaften einen Platz ziemlich weit oben hat (der noch dazu zumindest theoretisch sagenhaft leicht zu erreichen ist), dann würde ständig irgendwo ein Wecker klingeln.

Sauberkeit, Ordnung und Pünktlichkeit sind immer noch Kerntugenden, mit denen sich in jedem Job leicht, schnell und gut Eindruck machen lässt.

Planung. Spontaneität und Improvisationstalent sind zwar sehr positive Eigenschaften, aber mit ihnen allein kann man kaum einen Arbeitsauftrag vernünftig bewältigen. Ein gewisses Maß an Planung ist unabdingbar: Was genau ist bis wann zu tun? Wie viel Zeit / Geld / Helfer sind erforderlich? Ein derart planvolles Vorgehen kostet zwar mehr Zeit, als gleich loszulegen, bringt aber eindeutig bessere Ergebnisse. Die lassen sich noch steigern, wenn Sie Ihren Plan regelmäßig mit aktuell vorliegenden Ergebnissen vergleichen (besonders wichtig im Budgetbereich) und ihn, wenn nötig, der aktuellen Situation anpassen.

Am besten sind Pläne, wenn sie so genau wie möglich, aber so flexibel wie nötig sind. Und am besten sind die Ergebnisse, wenn jedes Teammitglied prompt über jede Planänderung informiert wird.

5. Benimm ist in – wer Knigge kennt, kommt weiter

Die guten alten Umgangsformen sind wieder *der* Hit

„Viele Menschen sind zu gut erzogen, um mit vollem Mund zu sprechen, aber sie haben keine Bedenken, es mit leerem Kopf zu tun.“

Oscar Wilde

Im Zuge der gesellschaftlichen Veränderungen ab 1968 ging es unter anderem auch den Benimmregeln an den Kragen: Sie wurden als spießig enttarnt, bewusst boykottiert und in der Folge allmählich vergessen. Knigge & Co. verstaubten in den Buchläden. Dass Ausdrücke wie „Guten Appetit“ und „Gesundheit!“ zwar vielleicht nett gemeint, aber nicht wirklich ein Zeichen guten Benehmens sind, das war nur noch wenigen Exoten aus den allerbesten Kreisen bekannt.

Doch seit ein paar Jahren ist alles anders. Vielleicht liegt es am Zeitgeist. Vielleicht auch daran, dass viele Alt-68er inzwischen in den Chefetagen angekommen sind und dort die Wohltaten guten Benehmens wieder entdeckt haben – zumindest, was die Höflichkeit betrifft, die ihre Mitarbeiter ihnen bitteschön entgegenbringen sollten. Tatsache ist: In den Medien ist das Thema Umgangsformen schon seit längerem ein Dauerbrenner, Benimmbücher erreichen Traumauflagen, und in den Zeugnissen wird das Betragen wieder benotet.

Wer ohne ein Mindestmaß an Benimm durchs Leben schlurft, gilt nicht mehr als cooler Unangepasster, sondern immer öfter als rüpelhaft, rücksichtslos und vor allem als wenig geeignet für alle beruflichen Positionen, in denen man mehr mit Menschen zu tun hat als ein Tiefseetaucher.

Mehr als nur Tischmanieren. Viele Leute denken beim Stichwort „Benimm“ automatisch an „Mit vollem Munde spricht man nicht“ und halten das für ein beruhigendes Indiz dafür, dass sie sich auf dem Gebiet eigentlich ganz gut auskennen. Doch abgesehen davon, dass die Kenntnis dieser Weisheit kaum jemanden davon abhält, sich in dringenden Fällen trotzdem ausgiebig zu Wort zu melden, gehören zum guten Benehmen eine ganze Menge mehr Aspekte als „nur“ die Tischmanieren. Von Anfang an war so genanntes gutes Benehmen dazu gedacht, das Miteinander von Menschen wenigstens innerhalb eines Kulturkreises zu erleichtern. Es umfasst gepflegte Umgangsformen (mit klaren Regeln je nach Geschlecht und Platz in der Rangordnung) sowie Kenntnisse über die wichtigsten Fragen zu Protokoll und Etikette. Einen sehr hohen Stellenwert nehmen Höflichkeit, Diplomatie und Diskretion ein, aber auch in so praktischen Bereichen wie Kleidung und Wortwahl wissen Benimmregeln auf fast jede Frage eine klare Antwort.

Klassische Benimmregeln wirken vielleicht manchmal altmodisch – aber sie liefern eine klare Vorstellung davon, was vermutlich die Mehrheit Ihrer Zeitgenossen in dem Bereich als angemessen oder erforderlich ansieht.

Benimm am Arbeitsplatz. Ob Sie’s glauben oder nicht: Gutes Benehmen spielt auch in Jobs eine Rolle, in denen Sie nicht pausenlos mit VIPs und zwölfgängigen Festmenüs zu tun haben. Schlicht und ergreifend deshalb, weil Ahnungslosigkeit in dem Bereich selbst an alltäglichen Kleinigkeiten sofort ins Auge fällt – zum Beispiel daran, dass Sie Ihren Kaffee auch in Anwesenheit von Kunden und Kollegen wie gewohnt zu schlürfen pflegen. Oder es fällt daran auf, dass Sie aus reiner Herzlichkeit zur Begrüßung immer als Erster die Hand ausstrecken, obwohl das längst nicht immer den Regeln entspricht (siehe S. 59 ff.).

Das ist zwar alles nicht dramatisch – aber unterm Strich ist es nun mal einfach ratsamer, durch gutes als durch schlechtes Benehmen aufzufallen. Gutes Benehmen ist gut fürs Image, die Zusammenarbeit mit Kollegen und Mitarbeitern verläuft dadurch eine ganze Ecke reibungsloser und vom Chef gibt es Pluspunkte satt für korrekte Umgangsformen, denn schließlich repräsentieren Sie mit Ihrem Auftreten immer auch ein Stück weit Ihre Firma.

> Gutes Benehmen fällt Chefs, Kunden und Geschäftspartnern schneller auf als gute Arbeit – allein deshalb, weil es oft ein Weilchen dauert, bis auf der Arbeitsebene erste Ergebnisse zu sehen sind.

Das sind insgesamt eine Menge gute Gründe, sich mit dem Thema Benimm zu beschäftigen. Dafür ist es nicht unbedingt erforderlich, ein teures Seminar zu besuchen oder einen Knigge von vorne bis hinten auswendig zu lernen. Ein paar Basics sollte man jedoch nicht nur wissen, sondern auch regelmäßig anwenden.

Kleine Benimmkunde. Da draußen laufen weit mehr Benimmprofis herum, als Sie sich vorstellen können. Allerdings sind sie manchmal schwer zu erkennen, weil es auch zum guten Benehmen gehört, sich im Umgang mit offensichtlich weniger benimmsicheren Menschen einfühlsam zurückzunehmen, anstatt sie durch Belehrungen und demonstrative Regelkenntnis bloßzustellen. Daher handeln Sie nicht nur höflich, sondern auch ausgesprochen klug, wenn Sie grundsätzlich überall ganz diskret erkennen lassen, dass Sie zumindest die wichtigsten Bereiche beherrschen.

Crashkurs Tischmanieren. Benimmratgeber widmen sich mit Hingabe der Frage, wie man was isst, von Artischocke bis Zwiebelsuppe. Das ist zwar gut gemeint, aber auch so erschöpfend, dass selbst gutwillige Leser spätestens nach „H“ wie „Hummerzange“ ermattet aufgeben – und trotzdem nichts Lebenswichtiges verpassen. Denn erstens wird es bei vielen offiziellen Essen ganz allein Ihnen überlassen, ob Sie sich Flusskrebse bestellen oder doch lieber etwas so Risikoloses wie ein Wiener Schnitzel. Und zweitens ist selbst bei festgelegten Menüs erfahrungsgemäß immer mindestens ein erkennbar regelkundiger Mit-Esser in Sichtweite, bei dem Sie zur Not unauffällig beobachten können, wie er kompliziertere Speisen in Angriff nimmt.

„Wie isst man was?“ ist letztlich viel weniger wichtig als „Wie *isst* man?“. Auf der Liste der Todsünden ganz oben: schmatzen, schlürfen, Messer ablecken, schlaff überm Teller hängen, zwischen den Zähnen pulen und mit vollem Mund reden.

Darüber hinaus sollten Sie die folgenden vier Bereiche im Auge behalten:

- **Grundkenntnisse in Besteckspräche** sind ein Muss. Besteck parallel auf dem Teller heißt: „Ich bin satt.“ Besteck über Kreuz auf dem Teller heißt: „Ich bin noch nicht fertig.“ Und Besteck während des Essens halb auf dem Teller und halb auf dem Tisch heißt „Ich habe von Benimm keine Ahnung“ und ist daher unbedingt zu vermeiden.

- Ihr **Brötchenteller** ist immer der links von Ihnen, auch wenn Ihnen das vielleicht nicht einleuchtet. Und Ihre **Serviette** liegt zwar rechts von Ihnen, sollte da aber während des Essens nicht unbedingt liegen bleiben, sondern hier und da benutzt und ansonsten auf dem Schoß abgelegt werden bis zum Ende des Essens.

- **Rauchen** ist während des Essens streng genommen tabu. Einzige Ausnahme: Der Gastgeber höchstpersönlich erlaubt es zwischen den Gängen, wenn wirklich niemand mehr isst. Ob er das tut oder nicht, darauf haben die Raucher wenig Einfluss. Weshalb sie sich Alibifragen wie „Es stört Sie doch nicht, wenn ich rauche?“ am besten gleich sparen sollten.

- **Alkohol** gehört bei vielen offiziellen Essen dazu und wird – besonders abends – reichlich bis überreichlich getrunken. Das ändert aber nichts an der Tatsache, dass in swimmingpoolgroßen Fettnäpfen baden geht, wer erkennbar angetrunken oder betrunken ist. Es ist also ausgesprochen vernünftig, zwischendurch reichlich Wasser zu trinken und sich möglichst vor den ersten allgemein erkennbaren Ausfallerscheinungen höflich zu verabschieden.

Crashkurs Erscheinungsbild. In Benimmratgebern wird das Erscheinungsbild wie selbstverständlich abgehandelt, obwohl es in dem Bereich doch eigentlich gar nicht um Tun und Lassen, sondern einfach nur ums Aussehen geht. Aber auch das spielt nun mal eine Rolle dafür, wie andere Leute Ihr Benehmen beurteilen.

Beliebtestes Bewertungskriterium ist nach wie vor die Kleidung. Heute ist zwar rein theoretisch fast alles erlaubt, aber zumindest im Berufsleben längst nicht alles automatisch okay. Im Job geht es nun mal in erster Linie darum, den Arbeitgeber und seine Ziele möglichst angemessen zu repräsentieren, und erst in zweiter Linie um Fragen des persönlichen Geschmacks. Wer sich da den Gepflogenheiten seiner Arbeitsumgebung lieber gleich in etwa anpasst, wird für diese

Flexibilität garantiert hoch gelobt. Übrigens: Völlig unabhängig von Geschmack und Marke sind abgelatschte Schuhe, zu enge oder ungepflegte Klamotten, Sandalen mit Socken und (besonders bei Männern) Schuhe ohne Socken immer noch echte Imagekiller, ganz zu schweigen von zu viel nackter Haut.

> Weiße Männerwade zwischen Hosenende und Sockenanfang ist für Benimmprofis der Horror. Und Damen können mit viel Dekolleté und freier Sicht auf Nabel und Poansatz vielleicht begehrliche Blicke einheimsen, aber eher wenig fachliche Anerkennung.

Körperpflege ist zwar eigentlich selbstverständlich, aber trotzdem immer wieder einen Hinweis wert: Nicht ohne Grund bringen die Zeitungen im Sommer mit schöner Regelmäßigkeit Ratschläge zu dem Thema, wie man einem Kollegen am diplomatischsten sagt, dass er, nun ja, ein bisschen streng riecht. Wer zu solchen Überlegungen gar nicht erst Anlass geben möchte, gönnt sich selbst und seiner Kleidung lieber eine Reinigung zu viel als eine zu wenig und investiert möglicherweise auch in eine gepflegte Duftnote. Die allerdings bitte dezent: Zu viel Parfum halten manche Leute nicht nur für schlechtes Benehmen, sondern geradezu für Körperverletzung.

Sprachlicher Benimm. Sprache und Körpersprache sind so bestimmend dafür, wie Ihr Auftreten unter Benimmgesichtspunkten gewertet wird, dass ihnen in diesem Buch das ganze nächste Kapitel gewidmet ist. Nur der Bereich **Danke-Bitte-Entschuldigung** wird aus nahe liegenden Gründen bereits hier abgehandelt. Denn das sind „Benimmwörter" par excellence. Deshalb kennt sie jeder, aber längst nicht jeder wendet sie auch wie selbstverständlich an. Dabei liegt gerade in diesen drei Wörtern der ganze Sinn vom Benimm: Aufmerksamkeit, Einfühlsamkeit, Respekt. Und mit diesen dreien liegen Sie immer richtig, nicht nur dem Chef gegenüber, sondern jederzeit und überall.

„Danke“ und „Bitte“ sind unscheinbare Wörter, aber wenn sie fehlen, fällt das sofort unangenehm ins Auge. Und „Entschuldigung“ ist nur dann annehmbar, wenn nicht gleich darauf ein „aber“ folgt.

Grüßen, Begrüßen, Vorstellen, Verabschieden. Diese vier Bereiche nehmen in Benimmführern traditionell viel Platz ein. Kein Wunder, denn es geht um den ersten und letzten Eindruck genauso wie um Fragen der Rangordnung. Der eigene Rang und der der anderen ist ausschlaggebend für die Abfolge festgelegter Gruß-, Vorstell- und Abschiedsrituale. Völlig unabhängig davon ist es ein Zeichen guten Benehmens, nicht nur den Wichtigmenschen oberhalb der eigenen Stufe Manierenkenntnis zu demonstrieren, sondern auch alle Leute unterhalb der eigenen Stufe in den Genuss freundlicher Höflichkeit kommen zu lassen.

Grüßen. Eigentlich muss immer der Rangniedrigere den Ranghöheren zuerst grüßen. Aber weil man in dem Bereich nicht immer gleich Bescheid weiß, ist es das Einfachste, wenn der zuerst grüßt, der den anderen zuerst sieht. Und das Klügste ist es auch: Es gibt nämlich Chefs, die auf die Einhaltung der korrekten Grußfolge ganz besonders viel Wert legen und auf jede Nachlässigkeit ausgesprochen empfindlich reagieren.

Es ist zwar ein Zeichen von schlechtem Benehmen, wenn wichtige Leute „unwichtige“ Mitmenschen schon aus Prinzip nicht als Erste sehen. Aber was soll's: Machen Sie ihnen einfach die Freude und grüßen Sie zuerst. Gerade bei solchen Wichtigtuern bringt das wertvolle Steine im Brett.

Begrüßen. Hier sind schon ein paar Regeln mehr zu beachten. Besonders häufig wird die Sache mit dem Handschlag falsch gemacht. Im Gegensatz zum Grüßen, wo der Rangniedrigere zuerst aktiv werden muss, hat er beim *Be*grüßen bitteschön abzuwarten, bis der Ranghöhere ihm die Hand entgegenstreckt. Der Ältere gilt immer als ranghöher, wenn sein beruflicher Rang dem nicht widerspricht. Im Zweifel können zumindest Berufsanfänger und offensichtlich Jüngere ziemlich einfach auf Nummer sicher gehen, indem sie ihre Hand erst mal bei sich behalten.

Im *Privatleben* haben die Frauen das Glück, sich komplizierte Rangausrechnungen aller Art schenken zu können. Sie gelten automatisch als ranghöher, werden daher immer zuerst begrüßt und dürfen nicht nur immer als Erste die Hand ausstrecken, sondern bei Begrüßungen auch ganz locker sitzen bleiben. Aufstehen ist für sie (anders als für die Männer) nur Pflicht, wenn bei geschäftlichen Anlässen ein Ranghöherer zur Begrüßung auf sie zukommt.

Auch wenn's danach vielleicht ernst werden muss: Beim Begrüßen ist Herzlichkeit angesagt, mit Blickkontakt, freundlichem Lächeln und ein paar möglichst aufrichtig netten Worten.

Vorstellen. Benimmgerechtes Vorstellen ist eigentlich eine Kunst für sich, die einiges an Übung voraussetzt. Viel gewonnen ist allerdings durch ein gutes Namensgedächtnis, denn Sie hinterlassen garantiert nur den besten Eindruck, wenn Sie sich Namen (und Titel, sofern vorhanden) Ihres Gegenübers gleich bei der ersten Begegnung merken und ihn danach immer richtig ansprechen und vorstellen. Benimmprofis beschränken sich in diesem Zusammenhang übrigens nie auf den Namen allein, sondern streuen ein paar kleine Zusatzinfos ein, um den ansonsten immer mühsamen Nach-Vorstellungs-Smalltalk in Gang zu bringen.

Dass der Rangniedrigere grundsätzlich dem Ranghöheren zuerst vorgestellt wird (Sie also die neue Aushilfe zuerst Ihrem Chef vorstellen und nicht umgekehrt), zieht zwar manchmal mühsame

Rangüberlegungen nach sich, ist aber zumindest bei offiziellen Anlässen immer das Gebot der Stunde. Und wenn Sie dann noch im Kopf behalten, dass es einerseits höflich ist, sich selbst vorzustellen (bei Zufallsgesprächen mit Unbekannten), andererseits aber unhöflich sein kann (wenn man sich ungefragt und ohne clevere Begründung einem Ranghöheren vorstellt), dann sind Sie in Sachen Vorstellen auf dem richtigen Weg.

Wenn Sie merken, dass jemand Sie begrüßen oder vorstellen will, aber Ihren Namen vergessen hat – seien Sie nett und helfen Sie ihm aus der Patsche, indem Sie sich selbst vorstellen. Er wird Ihnen dafür dankbar sein.

Verabschieden. Es dauert zwar nie lange, sich zu verabschieden – aber auch der letzte Eindruck zählt. Deshalb spendieren Benimmprofis ihrem Gegenüber in diesem Moment genau wie beim Begrüßen noch mal ihre ganze Aufmerksamkeit und ein paar freundliche Worte. Wer dazu keine Zeit oder Lust hat, wirkt automatisch so, als sei er geistig schon längst beim nächsten Termin. Und das stimmt ja vielleicht auch. Aber es gibt keinen Grund dafür, den anderen das auch spüren zu lassen.

Diskretion und Diplomatie. Die zwei großen „D" im Regelwerk guten Benehmens. Das eine ist im Berufsleben so wichtig wie das andere. *Diskrete* Mitarbeiter werden vom Chef mit Gold aufgewogen, denn Firmengeheimnisse und auch alle Interna über die Arbeitseinheit und den Vorgesetzten selbst sind bei ihnen bestens aufgehoben. Davon abgesehen verzichten sie auf Klatsch und Tratsch und damit auch auf jede noch so wohlfeile Gelegenheit, ihren Vorgesetzten bloßzustellen. Diese Zurückhaltung ist alles andere als selbstverständlich – genau deshalb wissen Chefs Diskretion so zu schätzen.

Diplomatische Mitarbeiter haben die von Chefs als göttlich eingestufte Gabe, ihnen durch einen ausgesprochen geschickten Umgang mit Reklamationen, Beschwerden, Pannen, nörgelnden Kollegen, Kritik und sonstigen Ärgernissen aller Art viel typischen Chefstress vom Hals zu halten. Das dafür nötige Einfühlungsvermögen und Verhandlungsgeschick bekommt nicht jeder in die Wiege gelegt, beides lässt sich aber durchaus lernen.

In Sachen Diskretion und Diplomatie ist es schon die halbe Miete, wenn Sie in heiklen Situationen innerlich bis zehn zählen und sich so ein bisschen Abstand verschaffen, anstatt unüberlegt und deshalb möglicherweise ungeschickt zur Sprache zu bringen, was Ihnen gerade auf der Zunge brennt.

Benimm – die Faustregeln. Für alle, die sich entweder sehr unsicher fühlen oder aber sehr wenig Lust haben, sich mit dem Thema Benimm länger zu befassen, gibt es glücklicherweise zwei überaus nützliche Faustregeln, die in fast jeder Lebenslage weiterhelfen:

- **Nicht zu viel.** Zu viel Alkohol, zu viel Handygefummel, zu viel Parfum, zu viel Modebewusstsein, zu viel Gerede, zu viel Getue, zu viel Eigenlob, zu viel Egotrip.

- **Beobachtungsgabe spart Benimmbücher.** Mit ein bisschen Interesse und Aufmerksamkeit für das, was alle anderen in einer bestimmten Situation tun und lassen, machen Sie ganz automatisch all diejenigen Dinge richtig, auf die es wirklich ankommt.

Wer wenigstens diese Faustregeln beherzigt, macht auch ohne Knigge immer eine halbwegs gute Figur. Aber wer selbst darauf pfeift, der sollte am besten gleich umschulen auf Tiefseetaucher.

6. Wie reden Sie eigentlich mit Ihrem Chef?

Wortwahl und was sonst noch zur erfolgreichen Verständigung gehört

„Das Wort ist wie ein Pfeil, der, einmal von der Sehne geschnellt, nicht zurückgehalten werden kann."

Arabisches Sprichwort

Redechefs, Schreibechefs, Schweigechefs. Chefs haben ganz klar ihre Vorlieben. Nicht nur, was Hemdfarben, Handymarken und Konferenzgebäck betrifft, sondern auch in Sachen Kommunikation. Es gibt Chefs, für die ist das ständige Gespräch das wichtigste Arbeitsinstrument: Sie sind diskussionsfreudig, jederzeit ansprechbar und kommen auch gerne auf ein Schwätzchen vorbei. Das alles macht den typischen **Redechef** sehr sympathisch. Andererseits ist seine Neigung, selbst hoch komplizierte Arbeitsaufträge in zwei lockeren Sätzchen zwischen Tür und Angel zu vergeben, für detailgenaue Mitarbeiter ziemlich gewöhnungsbedürftig.

Solche Mitarbeiter ziehen in der Regel **Schreibechefs** vor. Die wiederum sind daran zu erkennen, dass man mit ihnen einen Termin vereinbaren muss, um sie überhaupt zu Gesicht zu bekommen. Sie verbringen ganz offensichtlich lieber fünf Tage allein im Dschungel als fünf Minuten in einem Gespräch ohne fachliche Notwendigkeit.

Folglich ziehen sie schriftliche Mitteilungen vor, von kleinen vollgekritzelten Haftnotizen über E-Mails im Telegrammstil bis hin zu epischen Aktennotizen. Diese Form der Kommunikation ist zwar nicht gerade beziehungsfördernd; sie hat aber den Vorteil, dass alles Wesentliche schriftlich erfasst und damit aktenkundig ist. So kann sich keiner rausreden, weder der Chef noch sein Mitarbeiter.

Schweigechefs kommunizieren weder mündlich noch schriftlich, sondern mit Vorliebe gar nicht. Was sie als Herrschaftswissen einstufen, behalten sie für sich, Aufgaben verteilen sie grundsätzlich unter Verzicht auf jegliche Hintergrundinformation, Fragen von Mitarbeitern sind unerwünscht und Fragen an Mitarbeiter undenkbar. Der einzige Vorteil, den *diese* Chefs ihren Mitarbeitern bieten, ist „Davon haben Sie mir aber nichts gesagt" als Passepartout-Ausrede für nicht oder falsch erledigte Arbeit aller Art.

Anpassungsstrategien. Ganz egal, welcher Kommunikationstyp Ihr Chef ist: Sie können sich selbst und ihm das Leben deutlich leichter machen, indem Sie sich halbwegs auf ihn einstellen. Wer nun mal mit Vorliebe verbal führt, weiß es zu schätzen, wenn Sie im Zweifel lieber den Mund aufmachen als ein Zettelchen zu schreiben. Und wer bevorzugt nonverbal führt, wird es Ihnen garantiert hoch anrechnen, wenn Sie sich im Gespräch mit ihm grundsätzlich auf das Wichtigste beschränken.

Sie haben mit den Verständigungsmethoden Ihres Chefs ein Riesenproblem? Das kann durchaus passieren, besonders im Umgang mit Schweigechefs. Bei denen wird zur Notwendigkeit, was ansonsten einfach ein cleverer Schachzug ist: Vorteile erkennen, Nachteile ausgleichen. Erstens hilft der Blick auf die Vorteile dieser unterschiedlichen Kommunikationstypen, ihre Nachteile leichter zu ertragen. Und zweitens haben Sie durchaus die Möglichkeit, die Nachteile mit sanfter Hartnäckigkeit auf ein erträgliches Maß zu reduzieren. Zum Beispiel, indem Sie Schweigechefs in Besprechungen grundsätzlich so lange freundlich und gezielt befragen, bis sie sich irgendwann dazu bequemen, ganz von alleine mit der einen oder anderen sachdienlichen Information herauszurücken. Redechefs können Sie vor dem sicheren Chaos bewahren, indem Sie für sie (und für sich selbst) grundsätzlich kurz notieren, was sie so am Tag vereinbaren, versprechen und erledigt haben wollen. Und Schreibechefs tun Sie einen Gefallen, wenn Sie deren ohnehin schwach ausgeprägte Sozialkompetenz durch regelmäßige Gesprächsangebote ein bisschen trainieren.

Viele Chefs kennen ihre Kommunikationsschwächen und sind Ihnen für ausgleichende Maßnahmen insgeheim oder ganz offen dankbar. Vorausgesetzt, Sie legen das nötige Fingerspitzengefühl an den Tag und verzichten auf jede noch so indirekte Form der Kritik oder Belehrung.

Kommunikation auf allen Kanälen. Kommunikation ist eine ziemlich unübersichtliche Sache, weil sie über so viele Kanäle gleichzeitig abläuft. *Was* Sie sagen, ist für Sie selbst vielleicht völlig eindeutig. Aber schon die Art und Weise, *wie* Sie es sagen, kann dazu führen, dass Ihr Gesprächspartner das Gesagte anders versteht, als Sie es gemeint haben: „Sie sind immer so freundlich!" – Kompliment oder Kritik? Erschwerend kommt hinzu, dass Ihr Gesprächspartner vielleicht zwischendurch nicht zugehört hat, besonders gut oder schlecht drauf ist oder in Gedanken ganz woanders war und Ihre „klare Botschaft" deshalb nur bruchstückhaft, verkehrt oder gar nicht mitbekommt.

Genau so entstehen dann Missverständnisse; späterer Ärger nicht ausgeschlossen. Dabei kann man sich selbst, seinen Mitmenschen und besonders seinen Chefs diese Art von Stress schlicht ersparen, wenn man durchschaut, wie Verständigung funktioniert. Ein komplettes Studium der Kommunikationstheorie ist dafür nicht erforderlich; Grundkenntnisse sind völlig ausreichend.

„Geil" oder lieber „großartig"? Sprache ist eine wunderbare Sache, besonders wenn man (wie im Deutschen) über 70.000 Wörter zur Auswahl hat. Theoretisch ist alles möglich, von der bewusst präzisen Wortwahl, die auf Eindeutigkeit abzielt („schlecht"), bis zur bewusst unpräzisen Wortwahl aus strategischen oder diplomatischen Gründen („nicht optimal"). Darüber hinaus ist Sprache auch ein Instrument der Selbstdarstellung: Wer sich bevorzugt in Fremdwörtern ausdrückt, demonstriert (bewusst oder unbewusst) seine Bildung, wer voll trendy redet, signalisiert (erfolgreich oder erfolglos) seine Jugendlichkeit.

> Seine Wortwahl verrät Ihnen viel über Ihren Chef. Was gut ist, denn je besser Sie ihn verstehen, desto besser können Sie auf ihn eingehen. Umgekehrt verrät Ihre Wortwahl ihm viel über Sie. Was unter Umständen weniger gut ist, weil er Sie in eine Schublade stecken könnte, in die Sie gar nicht wollen.

Insgesamt hat die Wortwahl so viel zu sagen, dass es ratsam ist, zwischendurch immer mal wieder zwei kleine Beobachtungen anzustellen:

- **Genau hinhören, wenn der Chef spricht.** Sagt er grundsätzlich klar, was er meint und will („Bitte legen Sie mir spätestens morgen früh den Bericht in einer fehlerfreien Fassung vor."), oder neigt er zu höflichen Andeutungen, die Sie erst sorgsam entschlüsseln müssen („An dem Bericht müsste möglichst bald noch was getan werden.")? Und wie drückt Ihr Vorgesetzter sich sonst so aus, eher gewählt oder eher schnodderig?

- **Genau hinhören, wenn Sie selbst reden.** Je nachdem, wie überlegt Ihr Chef sich ausdrückt, sind Sie gut beraten, auf In-Vokabular und Denglisch (bei älteren Chefs besonders verhasst) zu verzichten und stattdessen Ihr Ausdrucksvermögen zu trainieren. Und was

Fluchen betrifft, so ist das eindeutig schlechtes Benehmen und daher grundsätzlich zu vermeiden – sogar dann, wenn Ihr Chef selbst zu deftigen Ausdrücken neigt. Denn was er sich erlaubt, dürfen Sie sich noch lange nicht herausnehmen. Und wozu auch? Wenn er sich mit seiner Unbeherrschtheit blamiert, müssen Sie ihm nicht auch noch Gesellschaft leisten.

Auch wenn das, was Sie sagen, auf der inhaltlichen Ebene noch so genial ist – falls Sie es sprachlich nicht sorgfältig genug verpacken, werden Sie möglicherweise trotzdem nicht ernst genommen oder nicht richtig verstanden.

Für alle Fälle der richtige Tonfall. „Wie man in den Wald hineinruft ...“ ist als Sprichwort zwar ein alter Hut, aber rein inhaltlich immer noch topaktuell. Wobei es für Gespräche mit Chefs dummerweise nur in eine Richtung gilt. Chefs sind nämlich in der Regel so im Stress, dass sie bei ihren Formulierungen leider nicht immer darauf achten können, den richtigen (freundlichen, munteren) Tonfall zu treffen. Mitarbeiter, die in dieser Situation spontan zurückmaulen, haben zwar das Sprichwort für sich, aber den Chef gegen sich. Der kann vorwurfsvolle oder jammernde Töne seiner Mitarbeiter nämlich gar nicht leiden und bricht unter Berufung auf das Wald-Sprichwort (er darf das, er ist der Chef) gerne ein ungemütliches Wortgefecht vom Zaun. Ungemütlich vor allem für Sie, auch wenn „er schließlich angefangen hat“. Da ist es doch weitaus cleverer, sich grundsätzlich um einen heiter-verbindlichen Tonfall zu bemühen. Das wirkt in Friedenszeiten motiviert und hat nach kriegerischen Auseinandersetzungen auch gelegentlich eine Entschuldigung vom Chef zur Folge – als späte Anerkennung für den guten Ton.

Was die Körpersprache verrät. Regelmäßige Übungen in den Bereichen Wortwahl und Tonfall sind schon mühsam genug, aber damit ist es dummerweise nicht getan. Denn auch Ihre Körpersprache sollten Sie immer halbwegs im Griff haben – schließlich ist sie unterm Strich zu sage und schreibe zwei Dritteln dafür verantwortlich, wie das, was Sie sagen, bei Ihren Zuhörern ankommt. Kleines Beispiel: Den Kommentar „Das ist aber interessant!" wird Ihr Gesprächspartner nur dann ernst nehmen, wenn Sie dabei nicht gleichzeitig geistesabwesend auf die Uhr schauen, ungeduldig mit dem Fuß wippen oder Ihre Fingernägel kontrollieren.

Wenn Ihre Mimik Sie verrät und etwas ausdrückt, das in krassem Gegensatz zu Ihren sprachlichen Äußerungen steht, können Sie das oft an dem irritierten Blick sehen, den Ihr Gesprächspartner Ihnen spontan zuwirft.

Klar müssen Sie nicht in jeder Lebenssituation mit einem undurchschaubaren Pokerface herumlaufen, das wäre nun wirklich zu viel verlangt. Aber glücklicherweise gibt es fürs Berufsleben zwei Faustregeln, deren regelmäßige Anwendung Sie nicht nur vor körpersprachlichen Entgleisungen bewahrt, sondern Ihnen auch ein Image angenehmer Professionalität verleiht:

- **Blickkontakt halten.** Zumindest in Westeuropa gehört es einfach dazu, dass Sie Ihr Gegenüber anschauen, und zwar mit offenem, aufmerksamem Blick und besonders beim Begrüßen und Verabschieden. Wenn Sie wenigstens am Anfang und Ende überzeugend sind, können Sie sogar Anflüge von Pseudoblickkontakt (man schaut den anderen zwar „aufmerksam" an, ist aber in Gedanken ganz woanders – was Profis sofort bemerken) wieder gutmachen.

- **Lächeln.** Klingt banal, ist genial: Ein simples Lächeln ist mit Abstand die einfachste Methode, einen anderen von sich einzunehmen – sogar übers Telefon. Ihr Gegenüber fühlt sich wohler, findet Sie sympathischer, kann Kritik leichter verkraften und ist rundweg freundlicher zu Ihnen. Der Idealfall ist natürlich ein aufrichtiges Lächeln. Aber ein höfliches Lächeln ist immer noch besser als gar kein Lächeln, denn das wirkt so unfreundlich, dass es viele Leute völlig vor den Kopf stößt.

Reden ist Silber, Zuhören ist Gold. Doch das scheint kaum jemand zu wissen. Sonst gäbe es nämlich nicht diese weit verbreitete Neigung, nur so zu tun als ob, oder den anderen mit Pseudoentschuldigungen wie „Darf ich kurz einflechten ..." ins Wort zu fallen. Solche Unterbrechungen sind überall verhasst und daher eine unschlagbare Methode, sich auf Anhieb unbeliebt zu machen (vor allem bei Chefs). Umgekehrt lieben es die meisten Menschen (vor allem Chefs), wenn man ihnen zuhört. Sie fühlen sich ernst genommen und interessant und sind entsprechend umgänglich, wohlwollend, mitteilsam. Deshalb erzählen Kommunikationstalente in Gesprächen nur wenig selbst, sondern überlassen den anderen durch freundliches Fragen ganz gezielt die Bühne. So machen sie erstens einen hervorragenden Eindruck und erfahren zweitens ganz nebenbei viele Dinge, die interessant sind oder sich als interessant erweisen könnten.

> In Stresssituationen ist konzentriertes Zuhören fast unmöglich, weil die Gedanken ständig abschweifen – was Ihrem Gesprächspartner garantiert nicht lange verborgen bleibt. Da ist es das Klügste, das Gespräch lieber gleich auf einen ruhigeren Augenblick zu verschieben.

Keine Angst vor kleinen Gesprächspausen. Das ist eine Situation, die jeder kennt: Sobald die Konversation zu ersterben droht, redet man ohne Sinn und Verstand drauflos – um nur ja jedes „peinliche Schweigen" zu vermeiden. Dieser Panikreflex funktioniert so todsicher, dass manche Profis ihren Gesprächspartner ganz bewusst anschweigen, um ihm so Dinge zu entlocken, die er eigentlich gar nicht preisgeben wollte.

Vor solchen fiesen Tricks und ganz allgemein vor kopflosen Reaktionen können Sie sich ebenso einfach wie wirkungsvoll schützen – durch einen netten kleinen Themenwechsel. Dazu eignet sich (fast) alles, was Ihnen in dem Moment durch den Kopf geht oder vor Augen kommt, von den Schlagzeilen des Tages über die interessanteste Krawatte im Raum bis hin zu Smalltalk-Klassikern wie Restaurants und Wetterlagen. Zwar haben diese Dinge wahrscheinlich rein gar nichts mit dem zu tun, was eben noch besprochen wurde, aber das Thema ist ja sowieso durch (sonst würde man sich nicht anschweigen). Also können Sie dem Gespräch – nicht immer völlig elegant, aber auf jeden Fall wirkungsvoll – mit Floskeln wie „Da fällt mir ein ..." oder „Habe ich Ihnen übrigens schon erzählt, dass ..." einfach eine neue Richtung geben. Ihre Zuhörer werden Ihnen dankbar sein, denn höchstwahrscheinlich hassen sie Gesprächspausen genauso wie Sie.

In heiklen Gesprächen ist es nur bedingt ratsam, sich für Schweigen zu entscheiden: Abgesehen davon, dass die Körpersprache meistens verrät, was hinter dem Schweigen steckt, riskieren Schweiger auf Dauer auch, als meinungslos und desinteressiert abgestempelt zu werden.

Auf den Aufbau kommt es an. Wer ungeschickt vorgeht, hat ein Gespräch schon ruiniert, bevor er zum eigentlichen Thema gekommen ist. Umgekehrt sprechen Gesprächs-Künstler selbst heikelste Angelegenheiten erfolgreich an und halten ihre Gesprächspartner auch dann noch bei Laune, wenn die Atmosphäre eigentlich spürbar geladen ist.

Hinter diesen Erfolgen steckt gewöhnlich ein geschickter Gesprächsaufbau. Denn „mit der Tür ins Haus fallen" ist zwar in Deutschland beliebt, gilt aber als extrem unhöflich und löst – offen oder versteckt – entsprechenden Unmut aus. Der lässt sich mit Leichtigkeit steigern, wenn Sie nicht nur „gleich zur Sache kommen", sondern das Gespräch gleich nach der „Sache“ sang- und klanglos wieder beenden. Bedeutend menschenfreundlicher und auch strategisch klüger ist es, selbst unter Zeitdruck eine kleine Aufwärm- und Abschiedsphase einzuschalten: ein paar interessierte Fragen und nette Worte, gerne auch ein (ehrlich gemeintes) Kompliment. Das entkrampft bei anstehenden problematischen Themen die Stimmung und macht Ihren Gesprächspartner aufnahmebereiter. Gegen Ende eines solchen Gesprächs können Sie durch einen kleinen Schwenk ins Private immer einen versöhnlichen Schlussakzent setzen, auch wenn es zwischendurch mal etwas erhitzt zur Sache ging.

Selbst wenn Sie mit Ihrem Chef fünfmal am Tag reden, sollten Sie im (Telefon-)Gespräch auf sprachliche Anfangs- und Endgesten nie verzichten: Übergangsloses Losreden und grußloses Gehen oder Auflegen gelten als schlechtes Benehmen und bringen nicht nur konservative Chefs in Wallung.

„Nein“ und wie man damit umgeht. Nein ist ein so unerfreuliches Wort, dass man es nur mit größter Behutsamkeit anwenden sollte. Das gilt besonders für ein Nein, das Sie dem Chef angesichts irgendwelcher unzumutbaren Arbeitsaufträge entgegenschleudern möchten. Auch wenn Sie die wirklich nicht, nicht so wie gewünscht oder nicht gleich erledigen können, müssen Sie davon ausgehen, dass Ihr Chef von „Geht nicht gibt’s nicht“ ausgeht und Ihnen jeden Widerspruch als Unfähigkeit oder Faulheit oder beides auslegt. Deshalb sollten Sie, so der einhellige Rat der Karriereratgeber, wenn irgend möglich zunächst immer Ja sagen. Schon allein deshalb, weil Ihr Chef garantiert keine Lust hat, sich von Ihnen anzuhören, warum er leider nicht bekommen kann, was er von Ihnen will. Wenn Sie hingegen erst mal loslegen, können Sie aller Wahrscheinlichkeit nach später immer noch nachverhandeln (zum Beispiel, um mehr Zeit, mehr finanzielle Mittel oder mehr personelle Unterstützung zu bekommen). Und falls nicht alles klappt wie erhofft, dürfen Sie davon ausgehen, dass man Ihnen aufgrund Ihrer zweifelsfrei vorhandenen Motivation mildernde Umstände einräumt.

Sollte an einem Nein Ihrer Meinung nach trotzdem absolut kein Weg vorbeiführen, dann haben Sie immerhin noch die Möglichkeit, dieses explosive Wort elegant zu verpacken. So stellt man das geschickt an:

- Nicht spontan widersprechen, sondern eine Bedenkzeit aushandeln, die es Ihnen erlaubt, eine schlüssige Argumentation zu entwickeln.

- Persönliche Gründe („Da geh ich immer zum Tennis") komplett unter den Tisch fallen lassen.

- Für Ihr Nein Argumente finden, in denen es einzig um das Wohl Ihres Chefs oder Ihrer Firma geht.

- Ihre Argumente kurz, sachlich und vor allem freundlich vortragen, anstatt schon allein durch Tonfall und Wortwahl Kampfbereitschaft zu demonstrieren.

> Ihr Chef wird Ihr Nein deutlich besser aufnehmen, wenn Sie ihm gleichzeitig eine (Kompromiss-)Lösung vorschlagen, die erstens Ihren guten Willen beweist und ihm zweitens wenigstens teilweise das bietet, was er von Ihnen wollte.

Killersätze – eine Angewohnheit zum Abgewöhnen. Killersätze sind Standardmunition in jedem größeren Wortgefecht: „Mein Gott, sind Sie empfindlich!", „Ich muss Sie immer an alles fünfmal erinnern!", „Du machst aber auch wirklich alles falsch!". Erfahrungsgemäß sind das alles keine Tatsachenberichte, sondern schlicht Übertreibungen. Die wiederum sind nun mal von Natur aus ungerecht und ungerechtfertigt – kaum jemand macht wirklich immer alles falsch. Weshalb man solche Sprüche reflexartig als Generalangriff auf die eigene Persönlichkeit empfindet und entsprechend sauer reagiert. Und auch wenn es darüber nicht zur offenen Auseinandersetzung kommt, ist die Stimmung doch fast immer im Eimer.

Gleichzeitig ist die Neigung, aufwallenden Ärger mit Killersätzen zum Ausdruck zu bringen, ziemlich weit verbreitet. Typische Formen sind Verallgemeinerungen wie „immer", „nie", „grundsätzlich" und Pauschalurteile, die als „objektive Feststellungen" daherkommen („Sie haben nun mal ein schlechtes Gedächtnis."). Falls Ihnen diese Ausdrucksweise bekannt vorkommt, sollten Sie sicherheitshalber einfach mal eine Woche lang zählen, wie oft Sie Kollegen, Beziehungspartner und womöglich auch Chefs gedankenlos mit Killersätzen attackieren.

Die clevere Alternative zu Killersätzen sind „Ich-Botschaften". Mit ihnen lässt sich der sachliche Kern, der in jedem Vorwurf steckt, diplomatisch als rein persönlicher Eindruck verpacken: „Das wirkt auf mich so, als ob ...", „Ich habe das Gefühl, dass ...", „Für mich sieht das so aus, als ob ...".

Verständnis für Missverständnisse. Die sind nämlich beim besten Willen kaum zu vermeiden, weil Kommunikation nun mal eine komplizierte Angelegenheit ist. Also ist viel gewonnen, wenn Sie erstens durch gezieltes Nachfragen und Wiederholen möglichst sichergehen, dass sowohl Sie als auch Ihre Gesprächspartner wirklich alles so verstanden haben, wie es jeweils gemeint war. Und wenn Sie zweitens anderen Leuten Missverständnisse nachsehen, anstatt sich königlich darüber aufzuregen.

Ansprechen, wo es hakt. Ein magischer Ratschlag, der viele Beziehungs- und Kommunikationsratgeber in einem Satz zusammenfasst: Reden Sie drüber. Ganz egal, ob es um Ärger über Missverständnisse, um die Macken der Rede-, Schreibe- und Schweigechefs oder darum geht, dass jemand sich im Ton vergriffen hat – solange man noch darüber spricht, anstatt sich schweigend anzugiften, ist immer noch etwas zu retten. Voraussetzung dafür ist allerdings, dass man solche klärenden Gespräche vor allem mit dem Chef immer unter vier Augen, in einem entspannten Moment und unter Verzicht auf jeden Vorwurf führt – selbst dann, wenn man sich nicht nur gekränkt, sondern obendrein im Recht fühlt.

Wenn der andere auf Ihr Gesprächsangebot nicht eingehen will, bohren Sie am besten nicht nach. Ihr Versuch allein wirkt oft Wunder, denn er zeigt, dass Ihnen daran gelegen ist, fürsorglich eine Sache zu klären, die sonst weiter unausgesprochen in der Luft hängen und die Atmosphäre belasten würde.

7. Kleines 1x1 der Psychologie am Arbeitsplatz

Wie man die menschlichen Beziehungen im Job geschickt gestaltet

„Kleine Wohltaten zur richtigen Zeit sind für die Empfänger die größten."

Demokrit

Zwischen Nähe und Abstand. Ein bisschen Nähe ist förderlich für die zwischenmenschlichen Beziehungen am Arbeitsplatz: Mit zunehmender Vertrautheit wird jedes noch so steife Verhältnis allmählich lockerer und damit angenehmer. Und je besser man sich kennt, desto besser kann man aufeinander eingehen und so die Zusammenarbeit möglichst harmonisch gestalten. Deshalb führen Chefinnen häufig über Nähe. Was bedeutet, dass sie sich – anders als Männer – ihren Mitarbeitern lieber als Mensch denn als Vorgesetzte präsentieren, indem sie bereitwillig Einblick zumindest in Teile ihres Privatlebens gewähren und auch an den persönlichen Seiten ihrer Mitarbeiter interessiert sind. Damit verbessern sie nachweislich die Arbeitsatmosphäre, erhöhen den Teamgeist und steigern Motivation und Leistungsfähigkeit ihrer Mannschaft.

Gleichzeitig gehen sie mit dieser Politik der Nähe ein Risiko ein. Vor allem, weil ein allzu vertrauter Umgang eine gewisse Respektlosigkeit nach sich ziehen und folglich zu erheblichen Durchsetzungsproblemen führen kann – immer dann, wenn der „Chef zum Anfassen“ auf einmal ungeliebte Aufgaben verteilen und unpopuläre Entschlüsse umsetzen muss. Weshalb vor allem ältere männliche Führungskräfte jeden Anflug von Kuschelatmosphäre am Arbeitsplatz ablehnen, ihre Mitarbeiter immer hübsch auf Distanz halten und ansonsten ihre Autorität kultivieren. Das ist zwar nicht unbedingt beziehungsfördernd, erspart ihnen aber bei klassischen „Zielkonflikten“ (der Chef will dies, die Mitarbeiter wollen jenes) ermüdende Diskussionen und Widerworte aufsässiger Untergebener.

Wenn Ihr Chef Ihre Nähe sucht oder aber Sie auf Abstand hält, hat das nicht unbedingt mit persönlicher Zuneigung oder Abneigung zu tun, sondern eher mit seinen persönlichen Führungsmethoden.

Duzen oder Siezen? Chefs von altem Schrot und Korn lehnen es prinzipiell ab, ihre Mitarbeiter zu duzen. Das „Sie“ ist für konservative Vorgesetzte ein natürlicher Abstandhalter: Es verhindert ein Zuviel an Vertraulichkeit. Und – besonders wichtig – es wirkt bei Auseinandersetzungen wie eine Hemmschwelle, die dazu führt, dass beide Seiten sich auch bei heftigsten Meinungsverschiedenheiten noch um eine halbwegs gepflegte Ausdrucksweise frei von Beschimpfungen bemühen.

Trotz dieser sehr nützlichen Schutzfunktion ist das „Du“ am Arbeitsplatz inzwischen ziemlich weit verbreitet. Unter gleichaltrigen Kollegen sowieso, doch in modernen Branchen wie Film und Werbung und in Unternehmen mit „flachen Hierarchien“ gehört auch Duzen zwischen Chefs und Mitarbeitern fast zum guten Ton. Das kann sehr nett und angenehm sein und für eine gute Arbeitsatmosphäre sorgen. Also ist eigentlich nichts dagegen einzuwenden. Vorausgesetzt, man behält im Umgang mit dem „Du“ ein paar nüchterne Tatsachen im Auge:

- „Du“ ist im Job weniger auf persönliche Sympathie zurückzuführen als auf Gewohnheiten und auf berufliche Nähe – die oft rein gar nichts mit privater Nähe zu tun hat.

- Weil „Duz-Kollegen“ längst nicht immer wirkliche Freunde sind, sollte man aller sprachlichen Vertrautheit zum Trotz innerlich einen gewissen Abstand halten. Der bewahrt davor, Dinge persönlich zu nehmen und allzu persönliche Dinge zu erzählen.

- Beides gilt insbesondere für das „Du“ dem Chef gegenüber.

Spontane Duz-Angebote sind nicht immer eine gute Idee. Für Mitarbeiter in der Probezeit sind sie unangebracht, neue Chefs halten sie oft für schlechtes Benehmen, und dem einen oder anderen Kollegen sind sie vielleicht schlicht unangenehm, aus welchen Gründen auch immer.

Vertrauen ist gut, Zurückhaltung ist besser. Die meiste Zeit des Tages verbringt man nun mal am Arbeitsplatz. Da liegt es nahe, dass irgendwann auch höchst Privates zur Sprache kommt. Sowohl die täglichen Frustauslöser (Beziehungsstress, Geldsorgen, Erziehungsprobleme) als auch vertrauliche Enthüllungen, von eindeutigen Ansichten über die Kompetenz vom Chef über die letzte heiße Affäre bis hin zum gelegentlichen Entspannungsjoint.

Solche Vertraulichkeiten sind im Privatleben so weit verbreitet, dass sie auch im Job schnell mal rausrutschen. Doch was im Freundeskreis Pluspunkte für Offenheit und Ehrlichkeit bringt, kann am Arbeitsplatz ins Auge gehen. So ist es nicht auszuschließen, dass Ihre kleine im Vertrauen erzählte Geschichte auf einmal Ihre Arbeit oder aber Sie selbst in einem völlig anderen Licht erscheinen lässt. „Ich hatte früher diese starken Asthmaanfälle“ – solche Bemerkungen reichen, um fantasiebegabte Kollegen (und Chefs, wenn sie davon erfahren) dazu anzuregen, sich Gedanken über Ihren Gesundheitszustand und Ihre Belastbarkeit zu machen. Auch wenn sich Ihre Asthmaanfälle schon in der Pubertät gelegt haben.

Und ob der „wirklich gute Freund“ unter Ihren Kollegen, dem Sie unter dem Siegel der Verschwiegenheit ein pikantes Detail aus Ihrem Leben anvertraut haben, auch in ein paar Jahren noch Ihr Freund ist, das können Sie nun wirklich nicht wissen. Es ist keine Seltenheit, dass aus guten Kollegen erbitterte Rivalen werden – oder dass die Freundschaft aus irgendwelchen Gründen herzlicher Abneigung weicht. Das kommt schließlich auch im Privatleben vor. Aber im Beruf werden in dieser Situation kleine Geständnisse aus alten Zeiten gelegentlich zu Munition für Intrigen und böswillige Indiskretionen.

Persönliche Probleme sind am Arbeitsplatz als Gesprächsthema tabu. Über fachliche Probleme hingegen sollten Sie durchaus sprechen, und zwar möglichst frühzeitig, wenn noch etwas zu retten ist.

Persönliche Verhältnisse sinnvoll pflegen. Freundschaftlich-vertraute Beziehungen zu den Kollegen und zum Chef kann man auch herstellen, ohne ihnen großzügig Einblicke in persönliche Schwächen und Probleme zu gewähren. Es gibt schließlich eine Reihe anderer Methoden, die Beziehungen im Job zu pflegen: Interesse an persönlichen Hobbys, Lob, Komplimente, Bitten um Rat.

Interesse an persönlichen Hobbys. Damit locken Sie selbst die distanziertesten Chefs aus der Reserve, denn kaum jemand kann der Versuchung widerstehen, einem interessierten Zuhörer ausführlich über seine persönlichen Leidenschaften zu erzählen, ob es nun um Angeln oder Golfen geht, um Kakteenzucht oder um Trekking durch die Wüste. Es kommt also mit Sicherheit gut an, wenn Sie immer mal wieder in einem entspannten Moment nach den letzten Erlebnissen und Erfolgen fragen oder den einen oder anderen Rat „vom Experten“ erbitten.

Falls Sie vom Hobby Ihres Chefs mehr verstehen als er, wäre es relativ unklug, ihm das zu erkennen zu geben.

Lob. Kaum etwas erfreut und motiviert so sehr wie Lob; gleichzeitig ist es im Job akute Mangelware. Genau daran können Sie etwas ändern und damit reichlich Freude verbreiten. Bei den Kollegen, wenn Sie ihnen aufrichtigen Beifall schenken für eine gute Sache, die der Chef mal wieder keines Blickes gewürdigt hat. Und auch beim Chef selbst kommt (angemessen bewunderndes) Lob gut an, denn da oben, wo er sich bewegt, ist Anerkennung noch viel seltener als in Ihrer Etage. Darüber hinaus ist Beifall von den eigenen Mitarbeitern immer eine ganz besondere Auszeichnung.

Es spricht ganz ungemein für Sie, wenn Sie sich im Gespräch voller Anerkennung über einen abwesenden Dritten äußern: Das hebt sich angenehm ab von der üblichen Lästerei, es nützt dem Gelobten, und es zeugt von Ihrem herzlichen und uneigennützigen Wesen.

Komplimente. Vorausgesetzt, sie kommen von Herzen (oder klingen zumindest so als ob), sind Komplimente immer ein wunderbarer Weg, den Kollegen – und auch dem Chef – eine Freude zu machen. Das müssen keine epischen Elogen sein. Schon kleine Bemerkungen reichen aus, um dem anderen das schöne Gefühl zu geben, dass Sie ihm Aufmerksamkeit schenken und einen Blick auch für die Kleinigkeiten haben, von der neuen Krawatte bis zur heute besonders guten Laune.

Kleine Komplimente sind ein Lichtblick für alle, denen es gerade erkennbar nicht so gut geht. Also sagen Sie was Nettes – irgendeinen glaubwürdigen Anlass werden Sie schon finden.

Bitten um Rat. Sie sind besonders sinnvoll im Umgang mit älteren Kollegen, weil die den Jüngeren gegenüber häufig bewusst oder unbewusst Minderwertigkeitskomplexe haben – und weil sie tatsächlich oft wertvolle Ratgeber sein können. Es liegt also nahe, zwei Fliegen mit einer Klappe zu schlagen und die Kollegen bei passenden Gelegenheiten auf ihren garantiert vorhandenen Erfahrungsschatz anzusprechen.

> Auch auf ungebetene oder Ihrer Meinung nach nutzlose Ratschläge sollten Sie möglichst freundlich reagieren, denn sie zeigen immerhin, dass sich da jemand Gedanken gemacht hat und Ihnen helfen will. Was längst nicht immer selbstverständlich ist.

Vom Umgang mit der Eitelkeit. Eitelkeit ist keine wirklich angenehme menschliche Eigenschaft; gleichzeitig ist kaum jemand völlig frei davon. Was die eigene Eitelkeit betrifft, so kann sie für das berufliche Fortkommen durchaus von Bedeutung sein, sollte aber klug dosiert werden (siehe zum Thema „Eigenlob“ S. 81 f.). Diese Kunst der richtigen Dosierung beherrscht längst nicht jeder Kollege, und viele Chefs beherrschen sie erst recht nicht. Das sollten Sie mit Fassung tragen, anstatt sich darüber aufzuregen. Denn anders als die Beziehung zu cholerischen, hektischen oder perfektionistischen Chefs ist der Umgang mit eitlen Chefs im Grunde genommen herrlich einfach. Die haben einen maßlosen Geltungsdrang? Bedienen Sie ihn. Spendieren Sie ihnen einfach großmütig, was sie brauchen: Bestätigung für die Chefinnen, Bewunderung für die Chefs.

Über Lob und Komplimente hinaus zeichnen sich Mitarbeiter mit buddhistischer Gelassenheit und diplomatischem Geschick im Umgang mit Eitelkeit durch besondere Meisterschaft in drei Bereichen aus:

- Gelassene und diplomatische Mitarbeiter kultivieren den Einfluss, den sie hinter den Kulissen haben, indem sie es dem Chef immer mal wieder gönnen, sich für Erfolge ins Rampenlicht zu stellen, die er eigentlich ihnen zu verdanken hat.

- Sie wissen, dass Firmenpolitik kaum etwas damit zu tun hat, ob jemand persönlich Recht oder Unrecht hat – also äußern sie zwar ihre Meinung (was grundsätzlich wichtig und richtig ist), pochen aber nicht auf sie.

- Auch wenn sie bestimmte Dinge noch so viel besser können als die Kollegen und der Chef, lassen sie das niemals offen raushängen.

Bei Meinungsverschiedenheiten mit eitlen Chefs ist es nützlich, sich innerlich eine Abfolge unterschiedlich weit gehender Kompromisse zurechtzulegen. Die erlaubt es Ihnen, Nachgiebigkeit zu demonstrieren und damit ihren Geltungsdrang zu bedienen – aber nur so weit wie unbedingt nötig.

Zwischen Trick und Tücke: Eigenlob. Eigenlob ist eine Grundform der Eitelkeit und stinkt daher ganz ordentlich, wie der Volksmund schon sagt. Trotzdem ist es aus strategischen Gründen ratsam, Eigenlob anderer möglichst gelassen hinzunehmen. Innerhalb gewisser Grenzen jedenfalls, und die sind erreicht, wenn sich jemand ohne Ihr Wissen und Einverständnis mit Ihren Federn schmückt. Vorwürfe nützen in dieser Situation allerdings wenig. Viel cleverer ist es, bei nächster Gelegenheit Wiedergutmachung einzufordern und ansonsten anderen erst gar keine Gelegenheit zum Ideenklau zu geben.

Was Eigenlob in eigener Sache betrifft, so weiß man heute, dass Sie ganz ohne einfach nicht weiterkommen: Gute Leistungen sprechen nämlich keinesfalls für sich, sondern werden von Chefs oft genug erst wahrgenommen, wenn man sie hartnäckig immer wieder darauf aufmerksam macht. Das Motto „Tu' Gutes und sprich' drüber" erfordert allerdings Fingerspitzengefühl, denn Eigenlob wirkt nun mal schnell aufdringlich. Die diskreteste Form der Selbstdarstellung ist es immer noch, dem Chef und auch den Chefs vom Chef kontinuierlich „angenehm aufzufallen", zum Beispiel durch engagiertes und gut vorbereitetes Auftreten in Sitzungen. Was außergewöhnliche Ideen und Leistungen betrifft, so erweisen kurze (aber regelmäßige) Informationen für Chefs und Kollegen über den Stand der Dinge gute Dienste, entweder in Form kleiner Aktennotizen oder am Rande von Routinebesprechungen.

Besonders viel Aufmerksamkeit und Wohlwollen bekommen Sie, wenn Sie an hauseigenen Publikationen mitwirken und sich für firmeninterne Initiativen engagieren.

Verständnis für die Schwächen der anderen. Für sich selbst werden Sie höchstwahrscheinlich das Recht auf die eine oder andere Schwäche in Anspruch nehmen. Und wer sich im Zweifelsfalle auf „Nobody is perfect!" beruft, sollte eigentlich kein Problem damit haben, dieses Recht auch anderen zuzugestehen, anstatt sich chronisch über ihre Schwächen aufzuregen. Entsprechende Erziehungsversuche durch permanentes Mäkeln bringen erfahrungsgemäß rein gar nichts außer einem denkbar schlechten Verhältnis. Außerdem lassen sich bei näherer Betrachtung fast immer auch Stärken finden, die Anerkennung verdienen. Zugegebenermaßen muss man manchmal schon ziemlich genau hinschauen, um an einem gewöhnungsbedürftigen Chef oder Kollegen auch eine angenehme Seite zu entdecken. Aber die Suche lohnt sich immer, denn was Sie finden, verhilft Ihnen zu einem etwas gnädigeren Urteil über die Unarten, die sonst für Sie im Laufe der Zeit zum roten Tuch werden und damit ein ohnehin schwieriges Verhältnis endgültig aus der Balance bringen könnten.

Wenn Sie die Stärken eines anderen offen anerkennen, anstatt seine Schwächen zu kritisieren, fördern Sie sein Selbstbewusstein und damit fast immer Ihr Verhältnis zueinander.

Störfaktoren erahnen und entschärfen. Sie bekommen bei einem bestimmten Kollegen einfach kein Bein auf die Erde? Das kommt vor. Denn diplomatische Bemühungen sind zwar überaus nützlich, um ein angenehmes zwischenmenschliches Verhältnis herzustellen – ein bisschen psychologisches Einfühlungsvermögen gehört jedoch auch dazu. Dazu müssen Sie nicht Freud gelesen haben. Es reicht, wenn Sie sich in schwierigen Fällen die Frage stellen, was den Kollegen wohl dazu treibt, Ihnen gegenüber besonders arrogant oder unfreundlich zu sein. „Die Chemie stimmt eben nicht" ist bestimmt keine falsche Antwort, greift aber meistens zu kurz. Denn bei näherer Betrachtung stellt sich oft heraus, dass hinter der Ablehnung typische seelische Untiefen stecken: Minderwertigkeitskomplexe, Neid und Eifersucht auf den Kollegen, der jünger ist oder besser ausgebildet, der mit dem Chef besser klarkommt, häufiger gelobt wird, die Arbeit schneller schafft oder einfach attraktiver ist.

Das sind zwar alles keine edlen Gefühlsregungen, aber sie sind zutiefst menschlich und auch nachvollziehbar, denn angesichts der Lage auf dem Arbeitsmarkt ist der Konkurrenzdruck genauso gewaltig wie die Angst, seinen Job zu verlieren. Falls Sie also vermuten, dass hinter der ablehnenden Art eines „schwierigen" Kollegen am Ende Angst und Rivalitätsgefühle stecken, können Sie das Verhältnis unter Umständen deutlich bessern, indem Sie ganz bewusst Spannung abbauen – ältere Kollegen grundsätzlich um Rat bitten, unermüdlich hilfsbereit und kollegial sind, Fehler eingestehen (und dadurch zeigen, dass auch Sie nur mit Wasser kochen) und sich beim Chef für die Kollegen einsetzen. Dieser Weg ist zwar mühsam, weil es oft genug ein Weilchen dauert, bis er Anerkennung findet, doch er führt wahrscheinlich zu sehr viel befriedigenderen Ergebnissen als der Entschluss, zurückzustänkern oder unfreundliche Kollegen einfach „abzuschreiben".

Falls Sie einen Kollegen „einfach nicht riechen" können, sollten Sie sich selbst die Frage stellen, was wohl dahinter stecken könnte. Wenn die Antwort mehr mit Ihnen als mit ihm zu tun hat, ist das ein guter Grund für Sie, Ihre Abneigung wenigstens halbwegs in den Griff zu bekommen.

Funkenflug zwischen Venus und Mars. Heute gehört es zur Allgemeinbildung zu wissen, dass Frauen anders sind und Männer auch. Da liegt die Vermutung nahe, dass auch die Stimmung am Arbeitsplatz durch das Geschlechterverhältnis geprägt wird:

- In **gemischtgeschlechtlichen Teams** spielen im weitesten Sinne erotische Anziehungskräfte eine große Rolle für die Stimmung.
- In **gleichgeschlechtlichen Teams** kommt es eher zu Rivalitäten als in gemischten Teams, insbesondere, wenn es im Team starke Altersunterschiede gibt.
- In einer **männlich geprägten Umgebung** haben Chefinnen mehr Durchsetzungsprobleme als Chefs in einem **weiblich geprägten Umfeld.**
- **Chefs** schätzen gut aussehende Mitarbeiterinnen bei gleicher Leistung mehr als weniger gut aussehende Mitarbeiterinnen und sehen Ersteren womöglich selbst schwächere Leistungen eher nach.
- **Chefinnen** schenken einem attraktiven Mitarbeiter vielleicht mehr Beachtung als einem eher unmännlich wirkenden Mitarbeiter,

verlieren dabei aber nicht unbedingt übergeordnete Eigenschaften wie den Grad an Loyalität aus den Augen.

Das sind natürlich einerseits alles Klischees, die sich durch den Verweis auf völlig anders gelagerte Fälle widerlegen lassen. Andererseits steckt in ihnen wie in jedem Klischee das eine oder andere Körnchen Wahrheit. Und das ist Grund genug, sich auch in diesem Bereich gelegentlich ein paar Fragen zu stellen: Welche Rolle spielen diese Spannungsfelder in Ihrem Verhältnis zu Chefs und zu den Kollegen? Was zieht Chefs und Kollegen erkennbar an anderen Menschen an, was stößt sie ab? Wie ist ihre private Situation?

Welche Stärken kann man Gewinn bringend betonen, welche Eigenschaften kultivieren, um den möglicherweise vorhandenen Startvorteil unverschämt attraktiver KollegInnen auszugleichen? Sollte man „von Natur aus" vorteilhafte Gaben nutzen – und wenn ja, innerhalb welcher Grenzen? Welche Vorteile versprechen Sie sich davon – und welche Risiken wären damit, soweit sich das aus dem Klatsch und Tratsch über „einschlägig bekannte" KollegInnen ableiten lässt, für Sie als Frau / für Sie als Mann verbunden?

Die Folgen unbefriedigender One-Night-Stands und gescheiterter erotischer Beziehungen sind häufig nicht nur für die Beteiligten, sondern für ganze Arbeitseinheiten unerträglich. Also lassen Sie's lieber. Und betrachten Sie verheiratete Kollegen und Chefs grundsätzlich als Tabu, selbst wenn die Umstände eher nach Liebe als nach Job-Flirt aussehen.

8. Hören, Sagen, Hörensagen: die vielen Gesichter der Loyalität

Kann Ihr Chef sich *wirklich* auf Sie verlassen?

„Wer die anderen neben sich klein macht, ist nie groß."

Johann G. Seume

Arbeitsleistung und Fachkompetenz sind wichtig, das ist sowieso klar. Die Bedeutung der Sozialkompetenz wurde inzwischen genau vermessen und hat sich als noch ein bisschen größer erwiesen. Beide Bereiche zusammen sind bestimmend für das Ausmaß an Erfolg am Arbeitsplatz.

Was Ihr *persönliches Verhältnis* zum Chef betrifft, so spielt die entscheidende Rolle jedoch ein dritter Faktor: die Loyalität. Das Wort kennt jeder; gleichzeitig haben die meisten Leute eher nebulöse Vorstellungen, welche Erwartungen ein Vorgesetzter wohl ganz konkret im täglichen Arbeitsleben damit verbinden könnte. Dabei verbirgt sich hinter der altmodisch-abstrakten Loyalitäts-Anleitung „Üb' immer Treu' und Redlichkeit" nichts anderes als der Wunschtraum von Chefs, sich auf ihre Mitarbeiter jenseits beruflicher Aspekte auch menschlich völlig verlassen zu können.

Chefs brauchen Loyalität. Das liegt vor allem daran, dass Chefs sich nie um alles selbst kümmern können und daher grundsätzlich Aufgabenbereiche delegieren müssen. Also bleibt ihnen gar nichts anderes übrig, als ihren Mitarbeitern ein Mindestmaß an Vertrauen zu schenken – und darauf zu hoffen, dass dieses Vertrauen nicht missbraucht wird.

Außerdem sind Chefs nun mal „weiter oben", und das heißt automatisch, dass sie mehr zu verlieren haben als ihre Mitarbeiter. Sie ziehen mehr kritische Aufmerksamkeit auf sich, müssen stärker auf ihren Ruf achten, sind stärkerem Konkurrenzdruck ausgesetzt und sollten sich daher möglichst keine Blöße geben. Was nicht gerade dadurch leichter wird, dass Chefs „von Natur aus" Zielscheibe für Spott, Intrigen und Attacken sind – schließlich gehört es zu ihrem Job, auch unpopuläre Dinge durchzusetzen, und damit machen sie sich nicht unbedingt beliebt. Also müssen sie damit rechnen, dass alles, was gegen sie verwendet werden kann, auch gegen sie verwendet werden wird.

Wenn Mitarbeiter zu viel wissen. Niemand ist so nahe dran am Chef wie seine direkten Mitarbeiter. Da lässt es sich auf Dauer kaum vermeiden, dass sie vieles mitbekommen, was ihn theoretisch verwundbar macht, von fachlichen Fehlern über menschliche Schwächen bis hin zur einen oder anderen Leiche im Keller. Vorausgesetzt, ein Chef hat loyale Mitarbeiter, ist das alles kein Problem, denn die funktionieren wie ein Schutzwall: Nicht nur, dass sie nach außen hundertprozentig „dichthalten", sie lassen auch nichts auf ihren Chef kommen und verteidigen ihn prinzipiell nach außen gegen Vorwürfe aller Art (auch wenn sie innerlich durchaus wissen, dass die eine oder andere Kritik nicht ganz ungerechtfertigt ist).

Umgekehrt sind illoyale Mitarbeiter eine permanente Gefahr. Sie können schließlich aus erster Hand von Pleiten, Pech und Pannen erzählen und obendrein mit Leichtigkeit die hässlichsten Gerüchte in die Welt setzen: So nah, wie sie am Chef sind, gibt es fast nichts, was man ihnen nicht abnehmen würde, denn „sie müssen es schließlich wissen“. Die tägliche Tuchfühlung mit dem Chef verleiht den Mitarbeitern also eine ungeheure Machtposition, die umso verführerischer wirkt, je schlechter das Verhältnis ist, das sie zu ihrem Vorgesetzten haben. Eine besondere Gefahr stellen für den Chef in dieser Hinsicht Mitarbeiter dar, die zwar noch auf ihrer Stelle sitzen, aber längst „innerlich gekündigt“ haben, denn zu den Gründen für die innere Kündigung gehört höchstwahrscheinlich auch er.

Es stimmt zweifellos, dass heute niemand mehr auf Gedeih und Verderb „seinem Herrn treu ergeben" sein muss. Aber es stimmt auch, dass mangelnde Loyalität immer noch ein Abmahnungs- und Kündigungsgrund ist, wenn sie sich in kredit- und rufschädigenden Äußerungen niederschlägt.

Loyalität lohnt sich. Je mächtiger Vorgesetzte sind, desto mehr sind sie darauf angewiesen, dass ihre Mitarbeiter sich ihnen gegenüber loyal verhalten. Und je nachdem, wie viel Einblick ein Mitarbeiter in einer bestimmten Position erhält, kommt es möglicherweise sogar mehr auf seine Loyalität an als auf seine Arbeitsleistung. Denn ein Mitarbeiter, der zwar hervorragend arbeitet, aber gleichzeitig mit Leidenschaft über seinen Chef herzieht, schadet ihm letztlich mehr, als er ihm nützt.

So weit, so einleuchtend. Das Problem für die Chefs ist nur, dass Loyalität als moralischer Standpunkt in der zeitgenössischen Lästerkultur ziemlich out ist. Umso wertvoller sind Mitarbeiter, die sich trotzdem loyal verhalten. Sie können also nur gewinnen, wenn Sie sich grundsätzlich zwei Fragen zu den möglichen Folgen Ihres Umgangs mit dem Vertrauen Ihres Chefs stellen: „Wie würde mein Chef das jetzt finden?“ und „Was ist, wenn mein Chef davon erfährt?“.

Loyalität – die Basics. Wie loyal ein Mitarbeiter ist, das zeigt sich zuallererst daran, wie er sich in den Freiräumen bewegt, die sein Vorgesetzter ihm im arbeitstechnischen Bereich einräumt. Geht er mit der Auslandsfreischaltung fürs Telefon, dem Internetanschluss, dem Dienstwagen, den kaum kontrollierten Außenterminen, der Nachlässigkeit des Chefs in Sachen Spesenabrechnung einigermaßen verantwortungsvoll um? Oder nutzt er sie mehr oder weniger intensiv zum eigenen Vorteil?

Sehr erhellend – und für die Chefs oft enttäuschend – sind auch die Antworten auf die Frage, was ihre Mitarbeiter eigentlich *aktiv* tun, um sich für das in sie gesetzte Vertrauen zu revanchieren. In dem Bereich haben Vorgesetzte ein paar klare Erwartungen:

- Loyale Mitarbeiter packen im Notfall auch nach Feierabend und über ihre vertraglichen Pflichten hinaus an, anstatt den Chef mit unbequemer Arbeit hängen zu lassen.

- Loyale Mitarbeiter erscheinen nur dann nicht zur Arbeit, wenn sie wirklich krank sind, und frisieren auch nicht an ihrem Überstundenkonto herum.

- Loyale Mitarbeiter informieren Chefs immer sofort, insbesondere über auftauchende Probleme, weil es in diesem Fall besonders peinlich ist, wenn Mitarbeiter und Geschäftspartner mehr wissen als der Vorgesetzte.

- Loyale Mitarbeiter geben Fehler unaufgefordert zu und lügen ihre Chefs grundsätzlich nie an (sieht man von der einen oder anderen unbedeutenden Notlüge mal ab).

- Loyale Mitarbeiter respektieren den Kompetenzbereich ihres Chefs, anstatt zu versuchen, sich durch gezielte „Amtsanmaßung“ auf seine Kosten zu profilieren.

Zur Loyalität gehört es auch, Dienstwege einzuhalten, denn die führen in der Regel über den Chef. Wenn Sie sich trotzdem gleich an den Chef vom Chef wenden, wird der Ihr Anliegen aus Prinzip an Ihren Vorgesetzten zurückreichen. Und der wird kaum unterstützungswürdig finden, dass Sie Ihr Glück zunächst hinter seinem Rücken versucht haben.

Indiskretion: zwischen Unfall und Attentat. Auf der einen Seite gibt es die kleinen Gespräche über vertrauliche Infos, die man führt, ohne zu bemerken, dass man einen ungebetenen Zuhörer hat. Auf der anderen Seite stehen die bewussten Indiskretionen zum eigenen Vorteil (Verrat von Geschäftsgeheimnissen) und die bösartigen Indiskretionen, ausgeplaudert, um einem anderen zu schaden („Unter uns: Dr. Müller hat ganz klar ein Alkoholproblem“).

Zwischen diesen beiden Polen existiert eine riesige Grauzone. Und darin bewegen sich erzähl- und tratschfreudige Mitarbeiter grundsätzlich auf ziemlich dünnem Eis. Sie stellen für ihre Chefs nämlich per se ein Sicherheitsrisiko dar. Nicht nur, was vertrauliche Firmendaten wie Einkaufspreise und Marketingstrategien betrifft, sondern auch, was ihre Reputation als Vorgesetzte angeht: Sie können schließlich nie wissen, bei wem, in welcher Version und vor allem mit welchen Folgen heikle Details aus ihrem Arbeitsbereich landen, die ein Mitarbeiter bewusst oder unbewusst ausgeplaudert hat.

Statistisch gesehen erzählt jeder, der von einer vertraulichen Sache erfährt, diese mindestens einer Person weiter. Und die erzählt sie dann wiederum mindestens einer Person weiter. Und so weiter. Dann schon lieber gleich diskret bleiben, als auf die Diskretion anderer zu hoffen.

Was die *ungewollten* Indiskretionen betrifft, so können Sie sich ganz einfach schützen, indem Sie vertrauliche Dinge und auch Ihre

Meinungen über Chefs und Kollegen grundsätzlich nie erörtern (oder wenigstens konsequent alle Namen weglassen), wenn Unbekannte dicht dabei sind, also in Restaurants, Bars, Theaterfoyers, Kinosälen, öffentlichen Verkehrsmitteln und vor allem bei allen Handygesprächen in der Öffentlichkeit.

Lästern und Loyalität. In dem Bereich wird Ihnen als Mitarbeiter zugegebenermaßen manchmal viel abverlangt. Denn Lästern ist einerseits eine wirkungsvolle Methode, Ärger und Wut über Vorgesetzte rauszulassen. Manche Chefs sind überhaupt nur deshalb halbwegs erträglich, weil man unter Kollegen gelegentlich mit Genuss über sie herziehen kann. Andererseits ist Lästern genau wie Klatsch und Tratsch schlechtes Benehmen. Darüber hinaus ist es eindeutig illoyal dem Chef gegenüber.

Das ist Ihnen egal? Dann denken Sie wenigstens an die Folgen, die Ihre Lästerleidenschaft für Sie selbst haben kann. Wer über andere spottet, hat nämlich vielleicht die Lacher auf seiner Seite. Aber nicht die Sympathien der Lacher: Erstens werden Ihre Zuhörer sich immer fragen, wie Sie wohl in ihrer Abwesenheit über *sie* reden. Und zweitens wirken notorische Lästerer auf die Dauer abstoßend missgünstig. Nicht umsonst lautet daher für Kommunikationsprofis das erste Gebot: Du darfst über andere niemals schlecht reden.

> Wenn Sie sich über Ihren Chef verbreiten, stellen Sie sich sicherheitshalber immer vor, er stünde unsichtbar neben Ihnen. Das wird Ihnen helfen, ihm gegenüber ein Mindestmaß an Loyalität zu wahren.

Beschwerden über den Chef. Auch wenn der vielleicht tatsächlich noch so inkompetent ist: Wer sich bei Kunden, Geschäftspartnern oder womöglich beim Chef vom Chef über ihn beschwert, begeht einen strategischen Fehler. Denn die Sympathien richten sich in diesem Fall nun mal nur selten nach der Sachlage, sondern eher nach

„natürlichen Allianzen“ (ein Chef hackt dem anderen kein Auge aus) und Nutzenfragen (selbst ein inkompetenter Chef kann Kunden und Geschäftspartnern in der Regel mehr bieten als ein kompetenter Mitarbeiter).

Es ist nun mal ein Gebot der Firmenkultur, schwelende Vorwürfe und Probleme möglichst im direkten Kontakt mit dem Vorgesetzten zu klären, auch wenn das wahrscheinlich nicht leicht ist. Höhere Stellen sollten erst – und dann aber hoch offiziell – eingeschaltet werden, wenn alle Bemühungen, eine Klärung herbeizuführen, nachweislich fruchtlos geblieben sind. Darüber hinaus ist es ein Gebot sowohl des Anstands als auch der Vernunft, interne Probleme grundsätzlich nie nach außen zu tragen. Kunden und Geschäftspartner haben damit schließlich nicht das Geringste zu tun und könnten irritiert reagieren. Falls diese Irritation negative Folgen für Ihren Chef oder Ihre Firma hätte, wäre der Tatbestand der rufschädigenden Äußerung erfüllt, und Sie hätten ein echtes Problem.

Mit solchen Beschwerden erreichen Sie also nicht etwa, dass man sich Gedanken über Ihren Vorgesetzten macht. Stattdessen wird Ihr Chef sich, sobald er von der Sache erfährt (worauf Sie Gift nehmen können), Gedanken über Sie und Ihren Verbleib in seinem Team machen.

Tabu: Bloßstellungen. Bloßstellungen sind Illoyalität in Reinform. Trotzdem sind sie weit verbreitet: „Davon hat mein Chef mir natürlich mal wieder nichts gesagt“, „Der Chef? Den hat hier seit Stunden keiner gesehen!“ oder „Sie sind nicht der Erste, der sich über seine Unzuverlässigkeit beschwert“. Alles kleine Giftpfeile, mit denen genervte Mitarbeiter dezent Misstrauen säen und so Rache nehmen für alles, was der Chef ihnen mal wieder angetan hat. Doch am Ende schadet man sich mit solchen Racheaktionen genau wie beim Lästern nur selbst – und das ist zwar kein edler, aber immerhin ein ziemlich guter Grund, sich diese Art von giftigen Kommentaren grundsätzlich zu verkneifen.

Ihr Chef wird es Ihnen hoch anrechnen, wenn Sie ihn bei Beschwerden von außen prinzipiell in Schutz nehmen und seine eventuellen Versäumnisse dann in Ruhe intern mit ihm klären.

Die kleinen persönlichen Schwächen vom Chef. Als enger Mitarbeiter kennt man den Chef fast besser, als seine Familie ihn kennt. Man sieht es ihm an, wenn er sich gerade rausredet, kennt seine Lieblingsnotlügen, arrangiert sich (zwangsläufig) mit seinen persönlichen Eigenheiten von Unpünktlichkeit bis Unordnung, entdeckt und deckt seine Fehler, weiß von seinen Affären. Darüber hinaus erzählt so mancher Chef bereitwillig auch von seinen kleinen Schwächen im Privatbereich, um eine gewisse menschliche Nähe zwischen sich und seinen Mitarbeitern aufzubauen und so die Stimmung und damit die Arbeitsleistung zu verbessern.

Auf diese Weise kommt auf die Dauer eine ganze Menge an „Insider-Informationen" über den Chef zusammen. Und die sollten Sie möglichst für sich behalten. Nicht nur aus Loyalität, sondern auch aus Selbstschutz. Denn Ihr Chef weiß (oder ahnt) schließlich, was Sie alles wissen. Und das heißt, dass er entsprechende Gerüchte oder Indiskretionen unter Umständen relativ leicht bis an die Quelle zurückverfolgen kann – was für Sie peinlich bis unangenehm werden dürfte. Darüber hinaus stellen „Mitwisser", je nachdem, wie tief ihr Einblick ist, für ihn eine Gefahr dar. Wenn er sich Ihrer Loyalität nicht völlig sicher ist, könnte er irgendwann versucht sein, Sie elegant oder auch weniger elegant loszuwerden.

Wenn Ihr Chef Anstalten macht, Ihnen in einer wein- oder vertrauensseligen Stunde etwas sehr Persönliches zu erzählen, wechseln Sie lieber diskret das Thema. Er könnte seine Vertraulichkeit sonst bereuen und Sie in der Folge unangenehm deutlich auf Distanz halten.

Leichen im Chefkeller? Auch das kann passieren: Ein Mitarbeiter bekommt mit, dass sein Chef eine Leiche im Keller hat. Es gibt Mitarbeiter, die sich in dieser Situation die Hände reiben oder sogar ganz bewusst nach Leichen suchen, um einen Trumpf in der Hand zu haben, den sie im Notfall (oder sobald sich eine profitable Gelegenheit ergibt) gegen ihren Chef ausspielen können.

Für Vorgesetzte ist das der Alptraum schlechthin. Dabei ist *diese* Mitarbeiter-Methode, sich unentbehrlich zu machen, in der Regel ein Schuss, der nach hinten losgeht. Denn derartige Intrigen sind geächtet. Mitarbeiter, die solche Spielchen spielen, gelten automatisch als Täter und können sich der Verachtung der gesamten Branche sicher sein, sobald ihr Verhalten sich auch nur ansatzweise herumspricht. Der Chef hingegen hat aufgrund der besonderen Umstände die Opferrolle und damit trotz Leiche automatisch eine Menge Sympathien auf seiner Seite. Er wird mit Verständnis und Wohlwollen rechnen können und sich folglich unterm Strich weniger Sorgen um seine Zukunft machen müssen als sein intriganter Mitarbeiter – vorausgesetzt natürlich, er hat sich nichts wirklich Skandalöses zuschulden kommen lassen.

Grenzen der Loyalität. Auch wenn Chefs eine loyale Grundhaltung in weitem Umfang erwarten dürfen – das bedeutet nicht, dass Sie im Namen der Loyalität wirklich alles decken müssen, was Ihr Vorgesetzter so tut und lässt. Stattdessen sind die Grenzen da erreicht, wo Ihr Chef mit seinem Verhalten

- der Firma schadet, zum Beispiel durch Veruntreuungen;
- Ihren Kollegen schadet, zum Beispiel durch Diskriminierungen und Belästigungen;
- Ihnen schadet, zum Beispiel wenn Sie sich mitschuldig machen, indem Sie ihn decken.

In diesen Situationen ist nicht mehr Loyalität gefragt, sondern Zivilcourage. Daher ist es grundsätzlich sinnvoll, sich auch darüber gelegentlich Gedanken zu machen.

Insgesamt gesehen geht es im täglichen Miteinander mit dem Vorgesetzten jedoch weniger um Grenzfälle der Loyalität als vielmehr um zahllose kleine spontane Entscheidungen: Lästern oder nicht, Lügen oder nicht, Ausnutzen oder nicht, Verteidigen oder nicht. Jede dieser Entscheidungen für sich scheint völlig unbedeutend – aber alle zusammengenommen zeigen Ihnen selbst und anderen deutlich, ob Loyalität für Sie ein Wert ist oder nur ein Wort.

Konsequent loyales Verhalten bringt Ihnen nicht nur die Dankbarkeit Ihres Chefs ein, sondern die Anerkennung und den Respekt Ihrer gesamten Arbeitsumgebung.

9. Information für alle Fälle

Ein Blick ins Arbeitsrecht als Schutz vor unangenehmen Überraschungen

„Wir sind nicht nur für unser Tun verantwortlich, sondern auch für das, was wir nicht tun."

Molière

Arbeitsrecht ist kein sehr unterhaltsames Thema, und obendrein haben viele Menschen eine instinktive Abneigung dagegen, sich mit längeren Paragraphenauflistungen auseinander zu setzen. Aber abgesehen davon, dass bei Ärger mit unterzeichneten Verträgen die Ausrede „Ich hab' das Kleingedruckte nicht gelesen" auch nicht hilft, ist gerade das Arbeitsrecht inzwischen für Laien in leicht verdaulicher Form verfügbar: Es gibt ein paar sehr gute, preiswerte und dabei leicht zu lesende Bücher zum Thema (siehe die Literaturtipps ab S. 133). Falls dieser Bereich Sie so dringend nun auch wieder nicht interessiert, können Sie sich auf den folgenden Seiten immerhin einen ersten Überblick verschaffen. Und der ist nun wirklich Pflicht für jeden Arbeitnehmer, der sich seinen Job möglichst lange erhalten will.

Wer das nicht glaubt und sich mit den Tücken des Arbeitsrechts erst befasst, wenn eine Abmahnung auf dem Tisch liegt, ist selbst schuld. In dieser Situation spielt nämlich alles, was sonst für den Joberhalt wichtig ist, nämlich Fachkompetenz und Sozialkompetenz, kaum noch eine Rolle. Im schlimmsten Fall hilft noch nicht einmal langjährige Betriebszugehörigkeit weiter. Insbesondere der Verstoß gegen herrschende Vorschriften ist einfach fatal: Der Chef ist enttäuscht, das Vertrauen weg und das Verhältnis nur noch schwer zu kitten.

Abmahnungen und wann sie drohen. Jeder kennt die Gefahr, kaum jemand weiß, worum es wirklich geht. Dabei reichen Grundkenntnisse über die gesetzlichen Grundlagen von Abmahnungen schon aus, um zu vermeiden, überraschend eine zu bekommen. Und das ist unter Umständen schnell passiert, sobald es um „schwer wiegende" Verfehlungen geht – wobei es im Wesentlichen dem Chef überlassen bleibt, was er dafür hält. Hier zunächst ein Überblick über die **vier wichtigsten Gründe** für Abmahnungen:

Unerlaubtes privates Surfen und unerlaubte private Telefongespräche. Dem Chef sind diese Dinge ein Dorn im Auge: Es entstehen überflüssige Telefonkosten und möglicherweise dramatische Virusprobleme, der Mitarbeiter ist für Kunden und Kollegen nicht erreichbar und verschwendet kostbare Arbeitszeit, kassiert aber trotzdem ein volles Gehalt. Die meisten Arbeitgeber haben daher strenge Vorschriften erlassen, deren Einhaltung – vor allem im Internetbereich – auch streng kontrolliert wird. Diese Vorschriften werden nicht immer jedem Mitarbeiter persönlich und schriftlich zur Kenntnis gebracht. Trotzdem ist es Ihre Pflicht, sich ausdrücklich nach existierenden Regeln zu erkundigen und alles, was es in dem Bereich gibt, genau zu beachten.

> Die Erlaubnis zur privaten Internet-Nutzung bedeutet keineswegs automatisch, dass Sie über Ihre Pausen hinaus auch während der regulären Arbeitszeit nach Lust und Laune surfen dürfen.

Arbeitsverweigerung in jeder Form. Wer sich rundweg weigert, einen bestimmten Aufgabenbereich zu übernehmen, will entweder wissen, wie eine Abmahnung aussieht. Oder er kennt sich in Sachen Arbeitsrecht wirklich sehr gut aus. Ein Widerspruch gegen das „Direktionsrecht" des Arbeitgebers ist nämlich unter gewissen Umständen tatsächlich zulässig, zum Beispiel, wenn der Aufgabenbereich nachweislich nicht im Geringsten mit dem Arbeitsvertrag vereinbar ist. (Weshalb Arbeitsplatzbeschreibungen dem Chef häufig einen beachtlichen Interpretationsspielraum geben.) Eindeutig als Arbeitsverweigerung gelten hingegen:

- unentschuldigtes Fehlen,
- ständige Unpünktlichkeit,
- Selbstbeurlaubung,
- das Fälschen von ärztlichen Attesten oder
- Krankfeiern (sofern der Arbeitgeber dahinter kommt).

Schlechte Leistungen sind zwar streng genommen Ansichtssache, aber ebenfalls ein offizieller Grund für eine Abmahnung.

Freitags- und Montagskrankheiten machen Chefs misstrauisch. Also legen Sie in solchen Fällen am besten unaufgefordert ein Attest vor, auch wenn das rein juristisch gesehen nicht erforderlich ist.

Verstöße gegen betriebliche Vorschriften. Je nach Unternehmensart gibt es eine ganze Reihe innerbetrieblicher Vorschriften, zum Beispiel zur Sicherung von Hygiene- und Sicherheitsstandards oder im Hinblick auf die Corporate Identity (Unternehmenskultur) der Firma. Nicht wenige dieser Vorschriften basieren ihrerseits auf gesetzlichen Vorgaben; fast alle dienen dazu, Schaden für das Unternehmen zu vermeiden, vom Imageschaden durch „unkonventionell" gekleidete Mitarbeiter bis zu handfesten wirtschaftlichen Schäden durch fehlerhafte Produkte. Kein Wunder, dass Chefs bei der Nichtbeachtung solcher Vorschriften rot sehen und mit Abmahnungen schnell bei der Hand sind. Und zwar nicht nur, wenn ein Mitarbeiter durch Regelverstöße eindeutig Schaden anrichtet, sondern gerne auch bei

- Verstößen gegen Alkoholverbote,
- Verstößen gegen Kleidungsvorschriften,
- Verstößen gegen Rauchverbote.

Die Missachtung von Rauchverboten ist besonders heikel, weil der Arbeitgeber inzwischen gesetzlich verpflichtet ist, die Nichtraucher zu schützen.

Firmeninterne Vorschriften sind bindend, auch wenn sie Sie in Ihrem Recht auf freie Entfaltung möglicherweise einschränken.

Verstöße gegen Gesetze. Bei Drogen, Diebstahl, Betrug, sexueller Belästigung, Bestechung und Bestechlichkeit ist die Sache klar: Hier wird's ganz schnell ganz ernst. Und zwar im Zweifelsfalle schon bei „Kleinkram" wie geklautem Büromaterial und ganz leicht getürkten Spesenrechnungen. Gesetzliche Gebote und Verbote gibt es übrigens auch in Bereichen, in denen Sie nicht unbedingt damit rechnen. Beispiele sind:

- Verschwiegenheitspflicht,
- Verbot von kredit- und rufschädigenden Äußerungen,
- Gebot der Wahrung des Betriebsfriedens,
- Verpflichtung zur Meldung drohender Schäden,
- Verpflichtung zur Mithilfe in Notfällen.

Diese so genannten „Nebenpflichten" des Arbeitnehmers sind in kleineren Unternehmen nicht unbedingt in jedem einzelnen Arbeitsvertrag genau festgelegt – trotzdem bleiben sie Pflichten, und zwar umso mehr, je weiter oben auf der Karriereleiter Sie sich befinden.

Kleine Gesetzesbrüche sind auch Gesetzesbrüche, und für das Argument „Alle anderen machen das doch auch" wird es kaum mildernde Umstände geben.

Was Sie sonst noch über Abmahnungen wissen sollten. Der Gesetzgeber schreibt genau vor, wie eine Abmahnung aufgebaut sein muss. Entscheidend ist, dass sie **drei Funktionen** erfüllt:

- **Hinweis:** Der Chef weist darauf hin, dass er ein bestimmtes Verhalten als Vertragsverletzung ansieht. Dieses Verhalten muss klar und eindeutig beschrieben werden.

- **Dokumentation:** Der Vorgang wird aktenkundig gemacht.

- **Warnung:** Dem Arbeitnehmer werden im Falle weiteren Fehlverhaltens Konsequenzen angedroht.

Ist eine dieser drei Funktionen nicht erfüllt, dann ist die Abmahnung aus juristischer Sicht wertlos. Deshalb ergibt sich aus der Dokumentationsfunktion fast automatisch, dass eine Abmahnung grundsätzlich in schriftlicher Form erteilt wird.

Trotz Dokumentationspflicht schließt das Gesetz mündliche Abmahnungen nicht aus. Drohgebrüll vom Chef in dieser Richtung sollten Sie also lieber nicht auf die leichte Schulter nehmen.

Anzahl und Gültigkeitsdauer von Abmahnungen. Klare Angaben dazu sucht man im Arbeitsrecht dummerweise vergebens. Nur eines steht fest: Wer glaubt, dass er sich noch eine zweite leisten kann, bevor man ihn endgültig feuern darf, ist auf dem Holzweg. Eine Kündigung kann nämlich auch nach nur einer

Abmahnung erfolgen. Und selbst wenn es nicht zur Kündigung kommt, schmort die Abmahnung möglicherweise noch ziemlich lange als stille Drohung in der Personalakte. Juristen nehmen zwar als Faustregel, dass die meisten Abmahnungen im Einzelfall nach zwei bis drei Jahren wertlos werden, aber auch das ist eine ziemlich lange Zeit. Und bis dahin heißt es für Sie: Jetzt bloß nicht noch mal unangenehm auffallen – denn eigentlich stehen Sie schon mit einem Fuß auf der Straße.

Wenn Sie wollen, können Sie sich allerdings damit trösten, dass Ihr Fehltritt nicht ganz so schlimm gewesen sein kann, weil man Sie sonst fristlos und ohne vorherige Warnung gekündigt hätte.

Abmahnungen können unter bestimmten Umständen gerichtlich angefochten oder später aus der Personalakte entfernt werden. Für diese Kunststücke sollten Sie sich aber immer einen Rechtsbeistand holen.

GAU Kündigung. In Handbüchern zum Thema Arbeitsrecht hat das Kapitel über Kündigung und Kündigungsschutzrecht locker 50 bis 100 Seiten. Das ist ein Feld für Experten; niemand erwartet von Ihnen, dass Sie sich genau auskennen. Und falls für Sie die Kündigung im Raum steht, wäre es sogar ausgesprochen leichtsinnig, sich selbst in den Paragraphendschungel zu stürzen, anstatt einen Profi zu engagieren.

Trotzdem schadet es nichts, wenn Sie wenigstens in etwa Bescheid wissen. Vor allem, was die **Formen von Kündigung** angeht. Es gibt drei Arten:

- **Betriebsbedingte** Kündigungen beherrschen schon seit längerem die Schlagzeilen, denn sie werden ausgesprochen, wenn ein Unternehmen aus wirtschaftlichen oder organisatorischen

Gründen seine Belegschaft reduzieren oder den Laden ganz dicht machen muss.

- **Personenbedingte** Kündigungen haben etwas mit Ihnen persönlich zu tun, sind aber nicht auf Gründe zurückzuführen, für die Sie zur Verantwortung gezogen werden können. Typisches Beispiel ist die Kündigung bei langer Krankheit mit schlechter Genesungsprognose.

- **Verhaltensbedingte** Kündigungen hingegen sind sehr wohl auf Umstände zurückzuführen, für die Sie selbst verantwortlich sind – und genau darauf wird man Sie normalerweise mit einer Abmahnung aufmerksam machen.

Fristlose Kündigungen. Sie sind eine verschärfte Form verhaltensbedingter Kündigungen und ohne Zweifel die radikalste Möglichkeit eines Arbeitgebers, unliebsame Mitarbeiter vor die Tür zu setzen. Voraussetzung ist „*besonders* schwer wiegendes Fehlverhalten". Das liegt nicht nur dann vor, wenn Sie sich an der Firmenkasse bedienen oder Ihrem Chef einen rechten Haken verpassen, sondern auch schon dann, wenn Sie ihm einen der oben genannten Abmahnungsgründe in besonders heftiger und unbelehrbarer Form darbieten.

Sonderfall Bossing. Eine Variante von Mobbing, die ganz bewusst aus betrieblichen Erwägungen eingesetzt wird: Bossing nennt man es, wenn der Arbeitgeber keine betriebsbedingte Kündigung aussprechen kann oder will, aber auch keinen Grund hat, einem Mitarbeiter Fehlverhalten vorzuwerfen – und ihn trotzdem loswerden möchte. Und zwar auf dem bequemen Weg, ohne rechtlich anfechtbare offizielle Kündigung und vor allem ohne Abfindung. Bossing trifft meist ältere Arbeitnehmer, die aufgrund ihrer langjährigen Betriebszugehörigkeit offiziell unkündbar sind, aber trotzdem wegrationalisiert oder gegen jüngeres, „dynamischeres" Personal ersetzt werden sollen.

Bossing hat, genau wie Mobbing, viele Gesichter, eines hässlicher als das andere. Das Spektrum reicht vom Schikanieren vor Kollegen über die Erteilung offensichtlich sinnloser Arbeitsaufträge bis hin zum Entzug von Informationen, Arbeitsinstrumenten und Sozialkontakten. Der große Unterschied besteht darin, dass Bossing anders als Mobbing von Anfang an mit kühl geplanten betriebswirtschaftlichen Zielen verbunden ist.

Gegen Mobbing kann man sich zumindest im Anfangsstadium zur Wehr setzen, indem man versucht, den Mobbern durch persönliche Gespräche, die Vermittlung Dritter und auch durch das Ausbessern eigener Verhaltensfehler die Angriffsbasis zu entziehen. Gegen Bossing hingegen hilft nur eins: der Gang zu Betriebsrat und Anwalt.

Was tun, wenn's brennt? Ein angenehmer Job ist heutzutage ein kostbares Gut. Nicht nur, weil die Aussichten auf dem Arbeitsmarkt ziemlich trübe sind, sondern auch, weil die Arbeitgeber immer schneller die rote Karte ziehen, um Arbeitsabläufe „zu verschlanken" und Personalkosten zu sparen. Es ist daher auf alle Fälle ratsam, vorbeugende Maßnahmen zu treffen und sich zu wehren, wenn der schlimmste Fall eintritt.

Vorsorge durch Leistungsnachweise. Die regelmäßige Dokumentation nachweisbarer persönlicher Leistungen ist eine ausgesprochen nützliche Sache. Und zwar selbst dann, wenn in Ihrem Unternehmen sowieso Leistungsbeurteilungen an der Tagesordnung sind. Denn die spiegeln die Qualität Ihrer Arbeit oft nur teilweise wider. Die inzwischen auch in Deutschland beliebten Beurteilungsgespräche zum Beispiel verlaufen nicht gerade optimal, wenn der zu Beurteilende einen schlechten Tag oder einfach Angst hat. Und wenn der Beurteiler für solche Gespräche psychologisch nicht ausreichend geschult ist oder sich pausenlos durch Telefongeklingel ablenken lässt. Da ist es nur klug, für alle Fälle regelmäßig selbst Notizen zu machen. Wer besonderes strategisches Geschick hat, legt sie in friedlichen Zeiten seinem Chef als Aktennotiz zur Kenntnis vor und erwähnt besonders gute Leistungen und Initiativen diskret in Besprechungen, um sie so auf dem Umweg über Protokolle aktenkundig zu machen.

Schriftliche Leistungsnachweise sind nicht nur eine nützliche Argumentationsbasis für Diskussionen mit Vorgesetzten, die an Ihrer Leistung herummäkeln, sondern in Friedenszeiten vor allem eine großartige Grundlage für erste Verhandlungen über eine Gehaltserhöhung.

Hilfe vom Betriebsrat. Falls trotz aller Bemühungen die Kündigung im Raum steht, kann man durchaus versuchen, sich zu wehren. Der erste Schritt in diesem Bereich ist immer der Gang zum Betriebsrat (sofern es einen gibt). Für dessen Arbeit interessiert sich die große Mehrheit der Arbeitnehmer ungefähr so sehr wie für die Frühgeschichte des chinesischen Reiches. Und doch sind es gerade die Betriebsräte, die bei fadenscheinigen Abmahnungen erste Hilfe und viele wertvolle Ratschläge bieten können.

Im Falle drohender Kündigungen haben sie sogar ein gesetzlich verankertes Anhörungsrecht. Das heißt, dass der Arbeitgeber ihnen gegenüber *vor* jeder Kündigung „darlegungs- und beweispflichtig" ist und sich anhören muss, was der Betriebsrat aus seiner Sicht zu der geplanten Kündigung zu sagen hat. Das wird den Arbeitgeber zwar im Regelfall kaum von seiner Absicht abbringen – aber zumindest bei ordentlichen Kündigungen hat der Betriebsrat unter Umständen durchaus auch ein Widerspruchsrecht, dank dessen sich die Kündigung vielleicht doch noch einmal abwenden lässt.

Der Betriebsrat hat auf die interne Unternehmenspolitik und damit auf Ihre Arbeitsbedingungen mehr Einfluss, als Sie sich vielleicht vorstellen können. Es ist daher grundsätzlich lohnend, sich mit seiner Arbeit nicht erst im Ernstfall vertraut zu machen.

Der Gang zum Arbeitsrechtler. Er ist bei jeder (Androhung der) Kündigung auf alle Fälle das Gebot der Stunde. Anwaltliche Hilfe ist zwar nicht billig und mit viel Papierkram verbunden, aber wer sich hier etwas ersparen will, spart garantiert an der falschen Stelle. Und er merkt das womöglich erst, wenn es zu spät ist, denn im Gesetzesgestrüpp zwischen Abmahnung und Kündigung lauern unglaublich viele Fristen. Überschreitungen können fatal sein, deshalb gilt: lieber gleich einen Termin mit einem Arbeitsrechtler vereinbaren. Mit seiner Hilfe können Sie zwar nicht unbedingt Ihren Job retten, aber wahrscheinlich wenigstens ein besseres Zeugnis oder eine (höhere) Abfindung aushandeln.

Je nachdem, wie Ihre Abfindungsvereinbarung aussieht, kann das Arbeitsamt Ihren Anspruch auf Arbeitslosengeld erst mal sperren und Ihnen so einen Teil der Abfindung indirekt gleich wieder wegnehmen. Ein Arbeitsrechtler weiß auch in diesem Fall Rat – wenn Sie ihn fragen, *bevor* Sie Ihren Abfindungsvertrag unterschreiben.

10. „Tun Sie gefälligst, was ich Ihnen sage!"

Auch mit schlechten Chefs gut arbeiten

„Werde nicht zornig! Sonst könntest du an einem einzigen Tag das Holz verbrennen, das du in vielen Wochen gesammelt hast."

Mengtse

Traurig, aber wahr – für das Berufsleben und insbesondere für das Mitarbeiterdasein ist der moralische Maßstab der Gerechtigkeit nur begrenzt tauglich. Das ist schon allein an diesem Kapitel erkennbar: Kein Chef der Welt würde ernsthaft darüber nachdenken, wie er auch mit schlechten Mitarbeitern gute Arbeit leisten kann – er würde sie so schnell wie möglich gegen bessere austauschen, Auswahl gibt es schließlich gerade momentan genug.

Umgekehrt können sich die Mitarbeiter in den seltensten Fällen einen neuen Chef suchen. Es sei denn, sie suchen sich einen neuen Job gleich dazu. Wer sich das nicht traut, hat keine Wahl: Er muss sich auch mit schlechten Chefs irgendwie arrangieren.

Rocky Horror Chef Show. Sie haben einen unmöglichen Chef? Trösten Sie sich – mit diesem Problem befinden Sie sich in bester Gesellschaft. Ganz abgesehen davon, dass Bücher mit Titeln wie „Mein Chef ist ein Arschloch – Ihrer auch?“[1] ein bemerkenswert großes Medienecho erzeugen, widmen gängige Karriereratgeber dem Thema „Schlechte Chefs und wie man mit ihnen fertig wird“ fast routinemäßig ganze Kapitel. Seitenweise werden die verbreitetsten Cheftypen kategorisiert, vom liebenswerten Chaoten über den Delegationsunfähigen bis zum Tyrannen. Auf die beeindruckend realistischen Charakterisierungen folgen präzise Ratschläge für den nervenschonenden Umgang – Chefs mit einem Funken von Bereitschaft zur Selbsterkenntnis müssten eigentlich vor Scham erröten, sollten sie jemals aus Versehen ein solches Buch in die Hände bekommen.

Schlechte Chefs sind ein so weit verbreitetes Phänomen, dass allein diese Tatsache hilft, sie etwas leichter zu ertragen. Es hat schließlich wenig Sinn, sie am Idealbild eines guten Chefs zu messen, wenn gute Chefs ganz offensichtlich Seltenheitswert haben.

Schlecht oder nur schlecht vorbereitet? Die Charakterprofile, die die Karriereratgeber zeichnen, lassen sich im Wesentlichen auf die Kerneigenschaften „unbeherrscht“, „ungeduldig“, „unorganisiert“, „ungerecht“, „unwillig“ und „unfähig“ reduzieren. Es lohnt sich jedoch, darüber hinaus einmal aufzufächern, was genau sich eigentlich hinter dem Urteil „schlecht“ verbirgt. Eine solche Analyse wird zutage fördern, dass die wenigsten Chefs wirklich schlecht im Sinne von „bösartig“, „böswillig“, „machtbesessen“ oder „intrigant“ sind. Stattdessen weit verbreitet:

- **Chefs, die anders funktionieren als ihre Mitarbeiter.** Klassische Stress-Faktoren sind vor allem unterschiedliche Auffassungen von Ordnung, Sauberkeit, Pünktlichkeit, Planung und Informationspflichten. Sobald in diesen Kernbereichen die Maßstäbe von Chefs und ihren Mitarbeitern um mehr als nur ein paar Nuancen

[1] Margit Schönberger, Mosaik/Goldmann, 2001.

voneinander abweichen, können an sich eher harmlos-lästige Chef-Eigenschaften mit der Zeit heftige Allergien unter all den Mitarbeitern auslösen, die einfach anders „ticken“ als ihr Vorgesetzter.

- **Chefs, die auf ihre Chefrolle schlecht oder gar nicht vorbereitet sind** und deshalb typische Führungsfehler machen. Die sind für die Mitarbeiter zwar unangenehm, aber letztlich leichter zu ertragen als ernste charakterliche Makel. Darüber hinaus bleibt den Mitarbeitern immer noch die Hoffnung, dass sich solche Chefs (freiwillig oder unfreiwillig) doch noch irgendwann mit den wichtigsten Prinzipien der Personalführung vertraut machen.

- **Chefs, die zu wenig motivieren.** Kernfehler aller schlechten Chefs. Einem Vorgesetzten, der zu motivieren versteht, verzeihen seine Mitarbeiter so gut wie jede Schwäche, weil sie sich in ihrem Job und mit ihrem Chef schlicht und ergreifend wohl fühlen. Die wenigsten Chefs wissen, wie viel sie mit Motivation ausrichten und mit Demotivation anrichten können. Wenn man sie allerdings darauf anspricht, dass sie mit Lob (um von anspruchsvolleren oder teureren Motivationsmaßnahmen gar nicht zu reden) ruhig ein bisschen großzügiger umgehen könnten, sehen sie das in der Regel ein und geloben Besserung. Diplomatische Denkanstöße in diese Richtung sind daher nicht selten von Erfolg gekrönt.

Die Schattenseiten vom Chef erscheinen gleich in einem milderen Licht, wenn man ihm ein paar mildernde Umstände einräumt: Er steht viel mehr unter Druck, darf auch mal einen schlechten Tag haben, ist auch nur ein Mensch. Außerdem hat er auch ein paar positive Eigenschaften, zum Beispiel ... (Passendes bitte einfügen).

Anpassung oder Widerstand? Eindeutig lässt sich diese Frage nur im arbeitstechnischen Bereich beantworten: Wenn Ihr Chef Unarten hat, die die Arbeitsleistung seines Teams beeinträchtigen, dann ist genau das der beste Grund, diese Unarten regelmäßig anzusprechen. Falls Sie mit dem nötigen Fingerspitzengefühl vorgehen, besteht durchaus Anlass zu der Hoffnung, dass Ihre pädagogischen Bemühungen Früchte tragen und Ihr Chef sich bessert. Wahrscheinlich nicht Ihnen zuliebe, sondern um seine Erfolgsbilanz nicht weiter zu gefährden, aber das kann Ihnen schließlich egal sein.

In allen anderen Bereichen gibt es auf die Frage „Resignieren oder Rebellieren?“ nur die vage Antwort „Kommt ganz drauf an“. Auf Art und Umfang des Problems, auf Ihr Maß an innerer Stabilität und Dickfelligkeit, auf das Ausmaß an Lernbereitschaft Ihres Chefs. Unabhängig davon steht den Mitarbeitern jedoch eine ganze Reihe allgemeiner **Überlebensstrategien** zur Verfügung, die sich im Umgang mit schlechten und schwierigen Vorgesetzten bewährt haben. Jedenfalls, wenn man sie ausreichend lange eingeübt hat, denn es handelt sich hier nicht um kleine Taschenspielertricks, sondern nahezu ausschließlich um einigermaßen komplexe, fast philosophische Denkübungen. Sie sollten sie also möglichst in Friedenszeiten und unter Freunden trainieren, um sie auch im größten Stress mit dem Chef noch Gewinn bringend anwenden zu können.

Teamarbeit. Die Erfahrung zeigt: In der Regel hat innerhalb einer Arbeitseinheit nicht nur ein einzelner Mitarbeiter ein bestimmtes Problem mit dem Chef, sondern es sind immer gleich mehrere, die sich mit derselben Unart herumschlagen. In dem Bereich, in dem es um Schwerwiegenderes als „nur“ um Macken geht, schweigen die Betroffenen aus Scham, und Sie müssen diskret nach Leidensgenossen suchen. Die eher harmlosen Ärgernisse sind aber meist abteilungsbekannt, schon allein deshalb, weil sie Gesprächsthema Nummer eins werden, sobald der Chef seinen Mitarbeitern den Rücken kehrt.

Wenn die Kollegen sich alle einig sind, sollten sie durchaus versuchen, mit sanfter Hartnäckigkeit erzieherisch auf den Chef einzuwirken, anstatt sich auf Klatsch zu beschränken, der zwar erfrischend, aber auch folgenlos ist. Besonders arbeitstechnische Unarten vom mangelnden Informationsfluss bis zur unkoordinierten Terminplanung, doch auch einzelne menschlich schwer erträgliche Züge wie die Neigung zu Wutanfällen und Bloßstellungen in der Öffentlichkeit lassen sich langfristig durch koordiniertes Vorgehen zumindest abschwächen. Die diplomatischste Methode ist eine lockere Reihe von Feedback-Gesprächen (siehe S. 112 f.), in denen einzelne Kollegen dem Chef gegenüber dasselbe Verhalten thematisieren. Wenn es jedoch „nur“ um Kleinigkeiten geht, kann man die auch am Rande von Routinebesprechungen erwähnen. Bei Bedarf gerne immer wieder, allerdings immer nur kurz, denn Chefs hassen das Gefühl, dass ihre Mitarbeiter sich anmaßen, gemeinsam über sie zu Gericht zu sitzen.

Viele Chefs sind sich ihrer Schwächen durchaus bewusst und nehmen sich auch garantiert gelegentlich Besserung vor. Vorausgesetzt, Sie warten einen ruhigen Moment ab und gehen möglichst diplomatisch vor, können Sie also mit konzertierten Kollegen-Aktionen relativ viel erreichen.

Die Prozentfrage. Diese Strategie ist das richtige Manöver bei Chefs, die immer nur an allem herummäkeln und über ein paar Tippfehlerchen oder nicht ganz perfekten Details regelmäßig vergessen, dass der große Rest doch eigentlich ganz ordentlich erledigt wurde. Zu dieser Erkenntnis können Sie Ihrem Vorgesetzten verhelfen, indem Sie ganz einfach nachfragen: „Von wie viel Prozent meiner Arbeit reden Sie jetzt eigentlich?“ Das ist dann der Moment, in dem selbst besonders kritische Chefs zugeben müssen, dass es um nicht mehr als fünf bis zehn Prozent geht. Mit anderen Worten: Der große Rest ist total okay – und vielleicht sogar ein kleines Lob wert, das nach der erleuchtenden Antwort auf die Prozentfrage möglicherweise ausgesprochen wird.

Alles unter Kontrolle. Sie hassen es, wenn Ihr Chef Ihre gesamte Arbeit grundsätzlich genau nachkontrolliert? Das ist verständlich, besonders wenn Sie Ihren Job eigentlich gut beherrschen. Trotzdem ist der Ärger darüber die Aufregung nicht wert, denn der Kontrolltick Ihres Chefs hat wahrscheinlich eher wenig mit Ihnen persönlich und dafür umso mehr mit seiner offensichtlich vorhandenen perfektionistischen Ader zu tun. Also machen Sie aus der Not einfach eine Tugend, indem Sie die Kontrolle durch den Chef als zusätzliche Sicherheitsmaßnahme für sich selbst betrachten. Rein theoretisch könnte er immerhin tatsächlich Fehler entdecken, die vielleicht Unheil anrichten würden, wenn sie unentdeckt blieben.

Am besten prüfen Sie jede Arbeit vor der Kontrolle durch perfektionistische Chefs besonders gewissenhaft, denn selbst gefundene Fehler sind für Sie pädagogisch wertvoller und auch wesentlich leichter zu ertragen als diejenigen, auf die Sie dann der Chef aufmerksam macht.

Feedback. Hinter diesem Modewort verbirgt sich eine Kommunikationstechnik, die dazu dient, einem anderen möglichst sachlich und vorwurfsfrei zu erklären, wie Dinge, die er gesagt oder getan hat, beim Feedback-Geber angekommen sind. Damit eignet sich Feedback hervorragend als Methode, um dem Chef gegenüber auch mal die eine oder andere kritische Anmerkung zu machen. Die wird er erstaunlich gut verkraften, sofern Sie die wichtigsten Feedback-Regeln im Auge behalten:

- **Klar strukturierter Aufbau.** Um welche Handlung Ihres Chefs geht es Ihnen? Welche Gedanken und Gefühle hat sie bei Ihnen ausgelöst? Wie ließe sich die Ausgangssituation Ihrer Meinung nach in Zukunft entschärfen?

- **Sachliche Ausdrucksweise.** Das bedeutet völligen Verzicht auf wertendes Vokabular, Übertreibungen und persönliche Angriffe. Also nicht „Mit Ihrer permanenten Rumbrüllerei sind Sie eine Zumutung für die ganze Abteilung!“, sondern lieber „Auf mich wirken Sie manchmal recht unbeherrscht, und ich habe Probleme, damit umzugehen“.

- Feedback-Gespräche grundsätzlich gut **vorbereiten,** einen ruhigen Moment **abwarten** und auf ein (!) Thema **beschränken.**

Mit regeltreuem Feedback können Sie Ihren Chef relativ gefahrlos auf unangenehme Verhaltensaspekte ansprechen. Sie haben ihn schließlich nicht kritisiert (das könnte er als Angriff betrachten und sich wehren), sondern „nur" die Gefühle beschrieben, die sein Tun bei Ihnen ausgelöst hat. Und *Ihre* Gefühle kann *er* nun mal nicht wegdiskutieren.

Die Umarmungsstrategie. Je unfreundlicher oder arroganter Ihr Chef zu Ihnen ist, desto freundlicher und herzlicher sind Sie zu ihm. Ein einfaches Rezept, zugegebenermaßen ziemlich schwer zu befolgen und vor allem sehr zeitaufwändig (rechnen Sie mit mehreren Monaten), aber in der Regel von geradezu verblüffenden Erfolgen gekrönt. Die meisten Menschen können nämlich nicht umhin, früher oder später zu erkennen, dass sie sich angesichts von so viel stabiler Freundlichkeit einfach ungerecht verhalten. Was immer dahinter steckte (manchmal schlicht Gedankenlosigkeit, öfter mangelnde Sympathie, ein nicht verziehener Patzer, bei Arroganz häufig nichts anderes als Unsicherheit), es wird von Ihrer überwältigenden Herzlichkeit auf die Dauer weggeschwemmt und macht einem mehr oder weniger schlechten Gewissen Platz. Ist ein unfreundlicher Chef erst mal an diesem Punkt angelangt, schlägt seine Muffigkeit in der Regel irgendwann um in echte Freundlichkeit – jedenfalls in dem Maße, in dem er zu solchen Sympathiebeweisen in der Lage ist.

Die Umarmungsstrategie ist nicht nur für unfreundliche Chefs, sondern auch für unfreundliche Kollegen hervorragend geeignet.

Dem Chef in der Krise eine Stütze. Das kann ganz wunderbar funktionieren bei Vorgesetzten, deren schlechte Seiten unter Druck zutage treten, zum Beispiel bei Hektikern, die sich im Stress im Ton vergreifen, oder bei Chaoten, die dazu neigen, ihre Mitarbeiter zu beschuldigen, wenn sie etwas Wichtiges verlegt, vergessen oder vergeigt haben. Wenn Sie das besitzen, was Ihrem Chef in solchen Momenten fehlt, nämlich gute Nerven, fällt es Ihnen bestimmt leicht, entspannt zu bleiben, fürsorglich Hilfe anzubieten, kleine beschwichtigende Trostmanöver zu starten, aufmunternd zu lächeln. Kurz: Es gelingt Ihnen, die Ruhe in Person zu bleiben, anstatt auf seinen gereizten Ton einzusteigen und damit alles nur schlimmer zu machen. Die Dankbarkeit Ihres Chefs ist Ihnen gewiss, spätestens wenn der Anfall vorbei ist.

Die dankbare Rolle des „ruhenden Pols" ist nicht nur die beste Lösung für Sie, sondern oft genug die letzte Rettung für Ihren Chef.

Die Schwächen vom Chef als Trainingslager. Sie könnten sich über bestimmte lästige Chefeigenschaften pausenlos aufregen? Lassen Sie's, denn das bringt gar nichts. Viel lohnender ist es, an den Schwächen vom Chef systematisch die eigenen Stärken zu trainieren. Er ist ein Chaot – perfektionieren Sie Ihr Organisationstalent am lebenden Objekt. Er ist weder belastbar noch geduldig – bemühen Sie sich um wahrhaft buddhistische Gelassenheit. Er hat von bestimmten fachlichen Dingen keine Ahnung – bauen Sie Ihren Wissensvorsprung diskret aus: Je mehr Sie seine Schwächen gezielt zu Ihren Stärken machen, desto unentbehrlicher werden Sie für ihn. Vorausgesetzt natürlich, Sie stellen Ihre Stärken loyal in seinen Dienst, anstatt sie im Wesentlichen dazu zu nutzen, ihn bloßzustellen.

Energien sinnvoll einsetzen. Das Arbeitsleben ist anstrengend genug – Kraftproben mit dem Chef sind daher grundsätzlich überflüssig. Der Klügere gibt nun mal nach, und das hat bei Diskussionen mit Chefs im Zweifelsfall der Mitarbeiter zu sein. Auch wenn's schwer fällt: Falls sich bei Auseinandersetzungen abzeichnet, dass Sie sich nicht durchsetzen können – lenken Sie ein, zur Not mit der Faust in der Tasche. Ihnen zum Trost: Die meisten Ereignisse, die man spontan als schmerzliche Niederlage empfindet, verlieren im Rückblick immer mehr an Bedeutung. Und am Ende kommt man oft von ganz alleine darauf, dass die Angelegenheit ohnehin die Aufregung nicht wert war. Es gibt schließlich so viel Wichtigeres im Leben.

Der Blick nach innen. Diese Methode ist nur mit einem gewissen Maß an Bereitschaft zur Selbsterkenntnis anwendbar und daher nicht ganz einfach. Sie ist aber lohnend, weil der Blick auf den Eigenanteil, den man an einem bestimmten Reizthema hat, die Explosionsgefahr ganz beträchtlich verringert. Denn vielleicht steckt hinter Ihrem Ärger über Ihren „unfähigen" Chef ja ein ganzes Stück weit Ihr Ärger darüber, dass es mit Ihrer eigenen Karriere nicht so schnell vorangeht wie erhofft. Oder Ihre Wut darüber, dass er Ihre Arbeit nie gebührend würdigt, hat etwas mit Ihren ureigenen Minderwertigkeitskomplexen zu tun. Das sind manchmal schmerzliche Einsichten – aber man kommt einfach weiter, wenn man sich mit ihnen auseinander setzt, anstatt sich vor ihnen zu verschließen.

> Zu Konflikten gehören immer zwei – nie ist eine Partei allein schuldig oder völlig unschuldig. Es ist also auch in vermeintlich eindeutigen Fällen angebracht, sich auf die Suche nach dem Eigenanteil zu machen.

Streit ablehnen. Auch wenn er Ihnen noch so aggressiv kommt – kein Chef der Welt kann Ihnen einen Konflikt aufzwingen. Wenn Sie nicht wollen, kommt es nicht zum Streit. Das glauben Sie nicht? Versuchen Sie's mal, wenn Sie sich gut genug fühlen, und lassen Sie seinen Streit-Köder einfach liegen: indem Sie ruhig und freundlich bleiben, das Thema relativieren oder bei der ersten günstigen Gelegenheit wechseln, Ihrerseits etwas Nettes sagen, lächeln. Profis können typischen Angriffsmanövern sogar mit einem Schuss Humor die Schärfe nehmen und sie einfach gutmütig weglachen.

Wer angegriffen wird und sich spontan für Gegenangriff oder Verteidigung entscheidet, hat schon verloren.

Streit in den Griff bekommen. Sie haben es also nicht geschafft, dem Streit von vornherein aus dem Weg zu gehen, weil Ihr Chef einfach zu wütend oder gemein war und Sie in dem Moment nicht genug inneren Abstand hatten? Auch kein wirklich großes Problem. Denn es stehen Ihnen immerhin einige Maßnahmen zur Schadensbegrenzung zur Verfügung:

- Lassen Sie Ihren Chef ruhig toben, ohne viel zu sagen. Am Ende wird er nicht nur entspannt sein (er hat sich alles von der Seele gebrüllt), sondern sich auch schämen (er hat sich anders als Sie im Ton vergriffen). Er wird Ihnen also aus schlechtem Gewissen zuhören, wenn Sie kurz und sachlich Stellung nehmen. Wobei Sie gut daran tun, Ihre Stellungnahme auf den nächsten Tag zu legen, „wenn die Stimmung nicht mehr so geladen ist", um Ihre Argumente zu sortieren und etwas Abstand zu gewinnen.

- Ihr Chef hat ein Problem, sonst hätte er den Streit nicht angefangen. Also bieten Sie ihm eine (Teil-)Lösung dafür an; irgendetwas wird Ihnen schon einfallen. Damit zeigen Sie Ihren guten Willen und Ihre unter Chefs sehr geschätzte Fähigkeit zum Nach-Vorne-Denken.

Auch wenn Ihnen noch so sehr danach ist, Türen zu knallen, in Tränen auszubrechen oder Ihrem Chef mal ein paar richtig deutliche Worte zu sagen – vermeiden Sie besser jede offene Eskalation. Denn auf verbrannter Erde lässt sich kaum eine Karriere aufbauen.

Rechtzeitig Grenzen ziehen. Wenn Ihnen eine Unart Ihres Chefs wirklich dauerhaft Probleme bereitet, sollten Sie das auf alle Fälle frühzeitig ansprechen, anstatt jahrelang Sündenregister fortzuschreiben (typisch Frau). Sonst kochen die Gefühle irgendwann über und entladen sich in einem Anfall, dessen Wucht meistens in keinem Verhältnis zum auslösenden Ereignis steht. Damit schaden Sie nur sich selbst, denn der andere wird Ihre Reaktion – zu Recht – als überzogen bezeichnen und so ein prima Argument haben, sich mit dem eigentlichen Kern der Sache erst gar nicht auseinander zu setzen. Dann schon lieber Reizthemen so frühzeitig ansprechen, dass man noch genügend inneren Abstand hat, um sich diplomatisch auszudrücken.

Unterdrückter Dauerärger ist ein Gefühl zum Abgewöhnen: Ihnen wird dadurch wahrscheinlich nur schlecht, und Ihr Chef wird dadurch bestimmt nicht besser. Denn wie auch? Er hat schließlich keine Ahnung, was in Ihnen vorgeht.

Kraftakte. All diese Strategien erfordern viel Kraft, die man doch eigentlich für die Arbeit nutzen sollte, anstatt für selbstlose Bemühungen, sich mit einem schlechten Chef zu arrangieren. Oder etwa nicht? Diese Frage ist berechtigt, greift aber zu kurz. Denn unterm Strich kommt es nun mal gar nicht so sehr auf Ihre Arbeitsleistung an, sondern erstens darauf, wie Ihr Chef diese Leistung bewertet, und zweitens auf Ihre Sozialkompetenz. Da ist es nur vernünftig, ein gewisses Maß an Energie in ein gutes Verhältnis gerade zu einem schlechten Chef zu stecken.

Ihr Chef ist einfach unerträglich? Was noch erträglich ist und was völlig unerträglich, das ist Ansichtssache. Manche Leute können sich auch mit Tyrannen prima arrangieren, weil sie ein dickes Fell haben und der Meinung sind, dass tobende Chefs etwas rührend Lächerliches haben. Andere können es schon nicht ertragen, wenn der Chef immer schmutzige Fingernägel hat oder ihnen auch nur das kleinste bisschen reinredet, weil sie das als Behinderung ihrer kreativen Leistung ansehen.

Grenzen der Anpassung. Chefs können Sie sich anders als Freunde oder Beziehungspartner nur selten selbst aussuchen. Und ein Arbeitsplatz ist für die meisten Leute schlicht aus wirtschaftlichen Gründen eine Notwendigkeit, sieht man von Erben und Lottogewinnern mal ab. Eine gewisse Anpassungsbereitschaft ist also nicht nur geboten, sondern auch Beweis vorhandener Professionalität.

Wie viel Anpassungsbereitschaft Sie an den Tag legen, ist allerdings allein Ihre Sache. Niemand zwingt Sie dazu, sich mit einem tyrannischen, inkompetenten, intriganten oder Ihrer Meinung nach sonstwie unerträglichen Chef zu arrangieren. Wenn klar ist, dass Sie mit ihm nur mit Hilfe von Beruhigungsmitteln irgendwie zurechtkommen, sind Vorwürfe und Selbstvorwürfe zu dem Thema, wer nun an dem zerrütteten Verhältnis schuld ist, herzlich überflüssig, und die Suche nach einem neuen Job ist der einzig vernünftige Weg. Die *innere* Kündigung hingegen ist zwar bequem, aber letztlich völlig unbefriedigend: Auf diese Weise verplempern Sie viel kostbare Lebenszeit mit einer Sache, die Ihnen außer Geld und Ärger rein gar nichts mehr bringt.

> Lässt man finanzielle und moralische Verpflichtungen außer Acht, dann haben Sie rein theoretisch jederzeit die freie Wahl, einen schlechten Chef weiter zu ertragen oder aber ihm von jetzt auf gleich zu kündigen. Es hilft, sich diese Freiheit immer mal wieder vor Augen zu führen.

11. Nichts ist unmöglich?

Abschließende Hinweise zum Thema Unentbehrlichkeit

„Lebensklugheit bedeutet: Alle Dinge möglichst wichtig, aber keines völlig ernst nehmen."

Arthur Schnitzler

Engagement lohnt sich immer. Es war schon immer sinnvoll, sich anzustrengen, um beim Chef zu punkten. Früher hat man diese Anstrengungen allerdings in erster Linie unternommen, um möglichst schnell nach oben zu kommen. Heute hingegen strengt man sich oft an, um nicht überraschend ganz unten zu landen. So oder so, die Mühen sind auf jeden Fall die Mühe wert. In instabilen Unternehmen erhöhen Sie damit Ihre **Chancen auf Weiterbeschäftigung.** Und in stabilen Unternehmen erhöhen Sie Ihre Aussichten auf **„Job Enrichment"** (also die Zuweisung attraktiverer Aufgabenbereiche), **Gehaltserhöhung** oder **Beförderung**.

Auf alle Fälle würden Sie bei Bedarf ein **blendendes Zeugnis** bekommen, auch wenn Sie sich genau genommen nur die letzten Monate so richtig angestrengt haben (aber es bleibt nun mal immer das in Erinnerung, was zuletzt passiert ist). Und Sie könnten sich ein genauso **blendendes Zwischenzeugnis** ausstellen lassen und damit auf Jobsuche gehen, entweder prophylaktisch, weil in Ihrer Firma Arbeitsplätze wackeln, weil Sie von Ihrem alten Job/Chef sowieso genug haben und etwas Neues ausprobieren wollen, oder aber weil Sie Ihrem Chef damit diplomatisch signalisieren möchten, dass er Sie verlieren wird, wenn er nicht bald ein bisschen was für Sie tut.

Anmerkungen zur Angst vor dem Jobverlust. Wer sich am Arbeitsplatz anstrengt, tut das längst nicht immer aus reiner Lust am Job, sondern er verbindet Ziele damit, neben dem Geldverdienen in erster Linie die Karriere oder aber die Sicherung des eigenen Arbeitsplatzes. Die Angst vor dem Jobverlust ist jedoch eine problematische Motivation für fortgesetzte Anstrengung. Denn angesichts der aktuellen Wirtschaftslage ist es nicht auszuschließen, dass ein Mitarbeiter trotz seines höchsten persönlichen Einsatzes als entbehrlich eingestuft wird. Wer stark unter Angstgefühlen leidet, sollte seine Kräfte daher sinnvoll einteilen und sich bei aller Angst nicht komplett im Job verausgaben. Viel klüger ist es, ein gewisses Maß an Zeit und Energie dafür zu verwenden, gegen die Angst selbst zu kämpfen.

Erste-Hilfe-Maßnahmen gegen die Angst. Angst ist im Arbeitsleben ein gefährlicher Gegner, weil man sich auf nichts anderes mehr konzentrieren kann. Sie mündet jedoch nicht zwangsläufig in lähmende Panik, wenn Sie sich mit ihr auseinander setzen, anstatt auf die schlimmstmöglichen Zukunftsszenarien zu starren wie das Kaninchen auf die Schlange. Also raffen Sie sich auf und tun Sie was. Das ist zwar wesentlich leichter gesagt als getan, wenn die Angst schon in den Knochen steckt, aber es gibt einen sehr guten Grund dafür, wenigstens ein paar kleine Schritte zu versuchen: Handeln hilft, weil es sich grundsätzlich gut anfühlt, selbst aktiv zu werden, anstatt immer nur zu reagieren. Tatenlosigkeit hingegen vergrößert die Angst. Sie haben viele Möglichkeiten, allein durch gezielte Informationsbeschaffung die Angstspirale aufzuhalten:

- Lassen Sie sich ein **Zwischenzeugnis** geben, um zu sehen, welche Ihrer Stärken Ihr Chef besonders betont – das ist gut fürs Selbstbewusstsein.

- Erkundigen Sie sich beim **Betriebsrat** danach, wie gefährdet Ihr Arbeitsplatz unter Gesichtspunkten der sozialen Auswahl und der Dauer der Firmenzugehörigkeit eigentlich ist.

- Fangen Sie einfach mal an, den **Stellenmarkt** zu studieren (auch im Internet, vor allem, wenn die Jobsuche dort Neuland für Sie ist).

- Bewerben Sie sich vielleicht sogar um eine Stelle, für die Sie qualifiziert sind, an der Sie aber kein Interesse haben – als **Übung für Bewerbungsbriefe** und -gespräche.

- Machen Sie sich mit den Möglichkeiten vertraut, die die **Bundesagentur für Arbeit** bietet, vom Anspruch auf Arbeitslosengeld über die Ich-AGs bis zu „Hartz IV". Denn wenn man seine Rechte kennt, hat man automatisch weniger Angst und Scham.

- Vereinbaren Sie Termine mit **Zeitarbeitsfirmen** und finden Sie heraus, welche Möglichkeiten es da für Sie gibt.

- Lassen Sie eingebaute **Druckmacher** wie „Das kann ich bestimmt nicht!", „Das kann ich meinem Beziehungspartner/meinen Kindern nun wirklich nicht zumuten." oder „Wenn ich meinen Lebensstandard halten will, dann muss ich unbedingt ..." mal außen vor. Überlegen Sie stattdessen, was für Sie und Ihre Lieben eigentlich wirklich und wahrhaftig machbar oder nicht machbar, unverzichtbar oder vielleicht doch nicht lebensnotwendig ist.

- Gönnen Sie sich vorsorglich ein **Buch zum Thema:** Es gibt ein paar brandneue Ratgeber (siehe die Literaturtipps ab S. 133 f.), mit denen man sich zwar nicht vor Arbeitslosigkeit schützen, diese Situation aber im Falle eines Falles wesentlich besser und schneller in den Griff bekommen kann.

Wenn Arbeitsmarktzahlen und Schicksalsberichte Arbeitsloser Sie in Panik versetzen – schalten Sie um, blättern Sie weiter, wechseln Sie das Thema. Denn was in anderer Leute Leben passiert, hat mit *Ihrer* Zukunft wenig zu tun: Selbst die schlüssigsten Prognosen haben da ihre Grenzen, wo Ihr Einfallsreichtum, Ihre Flexibilität und Ihre Stärken beginnen.

Perfektion um jeden Preis? Etwas vereinfacht ausgedrückt, lassen sich die ersten zehn Kapitel dieses Buches auf eine simple Formel reduzieren: Der ideale Mitarbeiter ist immer leistungsstark, immer perfekt organisiert, immer zuverlässig, immer loyal, immer aufmerksam und immer gut gelaunt. Angesichts dieser Wunschliste wunderbarer Eigenschaften stellt sich glatt die Frage, ob es überhaupt machbar ist, seinem Arbeitgeber dauerhaft und stabil solche Perfektion zu bieten. Und um welchen Preis.

Risiken und Nebenwirkungen der Unentbehrlichkeit. Schon in dem Bürospruch „Wer unentbehrlich ist, wird nicht befördert" steckt gelegentlich ein Körnchen Wahrheit: Ein Chef, der endlich mal eine Perle von einem Mitarbeiter gefunden hat, die leuchtende Ausnahme in der Einöde an Mittelmaß und Desinteresse, der hat – ganz praktisch betrachtet – wenig Grund dazu, ausgerechnet diesen Mitarbeiter an die nächsthöhere Etage zu empfehlen und ihn dadurch für sein Team und sich selbst zu verlieren.

Solche Nutzenberechnungen eigennütziger Chefs dürften die Ausnahme sein. Das eigentliche Problem liegt darin, dass die dauerhafte Bemühung um Unentbehrlichkeit eine fatale Eigendynamik entwickeln und in Perfektionismus und Workaholism münden kann. Vor allem Arbeitssucht gilt inzwischen wie jede andere Sucht als ernst zu nehmende Krankheit. Das Tückische an *dieser* Krankheit ist jedoch, dass es lange Zeit schlicht als fantastische Job-Identification (siehe dazu S. 18) gilt, wenn ein Mitarbeiter ständig sehr viel Arbeit übernimmt, sie immer nur im fünften Gang erledigt und sich auch über Firmenangelegenheiten den Kopf zerbricht, die nicht das Geringste mit seinem Aufgabenbereich zu tun haben.

Es liegt auf der Hand, dass Chefs Mitarbeiter, die „nur für die Firma da sind" nicht nur liebevoll fördern, sondern auch immer weiter fordern. Vor allem Menschen, die ihr Selbstwertgefühl ausschließlich auf ihre berufliche Leistung gründen, geraten so unter Dauerdruck: Erfolgsdruck von außen, aber auch Druck durch die ureigenen Leistungsansprüche. Den können sie nur dadurch in erträglichen Grenzen halten, dass sie über ihrem Job ihr Privatleben vernachlässigen. Und indem sie ihre privaten Ziele, Wünsche und Träume auf irgendwann verschieben nach dem Motto „Arbeite jetzt – lebe später".

Druck bringt kurzzeitig höhere Leistung, schadet aber langfristig Produktivität und Stimmung, denn er macht verbissen und zerstört den Spaßanteil an der Arbeit. Also gehen Sie besser mit sich um, als Ihr Chef das tut, und achten Sie darauf, sich nicht zusätzlich selbst unter Druck zu setzen.

Endstation Burn-out? Inzwischen weiß man, dass es sich hier nicht etwa um eine exotische Krankheit handelt, die lediglich unter Führungskräften verbreitet ist. Unabhängig von der beruflichen Position ist dieser chronische Erschöpfungszustand nämlich fast immer die Folge, wenn jemand sich über Jahre hinweg im Job völlig verausgabt, ohne je daran zu denken, dass er vielleicht gelegentlich seine Batterien wieder aufladen sollte. Und wenn die dann leer sind, ist Schluss. Mit den ständigen Spitzenleistungen sowieso, doch schon Routinejobs fallen unendlich schwer. Die typischen Symptome für den Burn-out sind Dauermüdigkeit, Lustlosigkeit, Depressionen, erhöhte Anfälligkeit für Stresskrankheiten. Und je länger man diesen Zustand ignoriert, desto schwerer fällt es, sich noch aus eigener Kraft aus ihm zu befreien.

Maßlose Job-Identification ist auf die Dauer nicht nur ungesund, sondern auch eine Gefahr für das Selbstwertgefühl: Wer sich ausschließlich über seine berufliche Leistung definiert, läuft Gefahr, in ein ziemlich tiefes Loch zu fallen, wenn er diese Leistung aus irgendwelchen Gründen nicht mehr bringen kann.

Anmerkungen zur Halbwertszeit von Unentbehrlichkeit. Traurig, aber wahr: Selbst der unentbehrlichste Mitarbeiter ist erstaunlich schnell vergessen, wenn er einmal von der Bildfläche verschwunden ist. Das ist einerseits normal – der Betrieb muss schließlich weiterlaufen, wenn jemand ausfällt oder kündigt – und andererseits eine frustrierende Erkenntnis für alle, die sich bis zum Burn-out für die eigene Firma aufgerieben haben. Dafür hängt ihnen nämlich niemand eine Gedenktafel an die Bürowand nach dem Motto „Hier lebte, arbeitete und starb unser lieber Mitarbeiter Müller". In der Regel gilt ganz nüchtern: Niemand ist unersetzbar, Dankbarkeit daher nicht erforderlich und allgemeines Vergessen an der Tagesordnung. Und zwar selbst dann, wenn ein besonders engagierter Mitarbeiter nach seinem Ausfall oder Weggang durch *zwei* Mitarbeiter ersetzt werden muss, die beide zusammen nicht so viel zustande bringen wie vorher ihr Vorgänger allein. Doch auch darüber regt sich erfahrungsgemäß kaum jemand auf – mit Ausnahme des Vorgängers, der häufig erst in dieser Situation begreift, dass etwas weniger Anstrengung wahrscheinlich auch schon mehr als genug gewesen wäre.

Schauen Sie sich gelegentlich diskret an, was Ihre Kollegen eigentlich für das gleiche Gehalt leisten. So können Sie Ihrem Chef bemerkenswerte Leistungen in wohl dosierter Form bieten, anstatt sich ohne äußere Notwendigkeit permanent zu verausgaben.

Weniger ist mehr. Ab einem gewissen Punkt im gehobenen Überstundenbereich hat weniger Leistung höhere Arbeitsqualität zur Folge: Wer irgendwann Grenzen zieht, anstatt noch einen und noch einen und noch einen Auftrag anzunehmen, schaufelt Zeit und Energie dafür frei, seine bereits vorhandenen Verpflichtungen besser zu erledigen. Permanenter Druck erzeugt nämlich Stress, und der führt dazu, dass man sich schlechter konzentrieren kann und häufiger Fehler macht. Die Folge: ein unangenehmes Gefühl der ständigen Überforderung, unter dem nicht nur die Arbeit leidet, sondern auch die Stimmung am Arbeitsplatz und ganz allgemein die Lebensqualität.

Zehn-Punkte-Programm für stressfreie Unentbehrlichkeit. Wer unter Stress leidet, hat eigentlich Glück im Unglück, denn „Stress hat man nicht, Stress macht man sich". Was schon allein daran erkennbar ist, dass manche Leute in Situationen hysterisch werden, die anderen nur ein müdes Lächeln entlocken. Und wenn andere die Nerven behalten – dann können Sie das auch. Oder Sie können es zumindest versuchen. Gegen den chronischen Stress am Arbeitsplatz gibt es ein äußerst nützliches Zehn-Punkte-Programm, das Übungen und Erste-Hilfe-Maßnahmen sinnvoll kombiniert:

1. **Gut ist gut genug.** Perfektion ist schon deshalb überflüssig, weil sie einfach zu viel Zeit kostet: In zwanzig Prozent Ihrer Zeit können Sie achtzig Prozent jeder Arbeit erledigen, also den Löwenanteil. Für die restlichen zwanzig Prozent, die an einer wirklich perfekten Arbeitsausführung fehlen, würden Sie die restlichen achtzig

Prozent Ihrer Zeit benötigen, obwohl Sie die prima verwenden könnten, um jede Menge weiterer Aufträge zwar nicht perfekt, aber doch ganz ordentlich zu bewältigen.

Perfektionismus ist oft genug nichts anderes als große Angst vor kleinen Fehlern, die sowieso kaum jemand bemerken würde.

2. **Was der eine nicht schafft, schafft der andere.** Wenn Sie zu viel zu tun haben, reden Sie lieber frühzeitig darüber, als sich schweigend abzustrampeln. Delegieren Sie so viel wie möglich an Mitarbeiter. Wenn Sie keinen haben, holen Sie sich einen – fast jeder Chef spendiert lieber einen Praktikanten, als zu riskieren, dass eine verdiente Kraft wegen Überlastung ausfällt.

Wenn jemand wirklich zu viel von Ihnen will, ist es mit Abstand das Beste, von vornherein gut begründet Nein zu sagen (siehe S. 71 f.).

3. **Tägliches Verwöhnprogramm.** Jeder Mensch hat das Recht auf mindestens einen Glücksmoment pro Tag. Den bekommt man dummerweise nicht immer von außen geliefert, aber Sie können sich schließlich auch selbst etwas Gutes tun. Gut ist alles, was Freude macht, vom rituellen Morgencappuccino zur Zeitung über ein Lieblingsgericht zum Mittagessen bis zum kleinen Kaufrausch nach Feierabend. Was die Arbeit selbst betrifft, so spricht rein gar nichts dagegen, dass Sie jeden Tag mindestens eine Sache machen, die Sie ganz persönlich interessiert oder weiter bringt. Und auch Ihren Arbeitsplatz können Sie (so weit wie in Ihrer Firma möglich und von den Kollegen toleriert) zum Wohlfühlfaktor für Augen, Ohren und Nase machen, zum Beispiel durch Blumen, Musik oder Fotos vom letzten Urlaub.

Selbst figurbewusste Mitarbeiter sollten auf einen gewissen Schokoladenvorrat nicht verzichten: erstens wegen der Verwöhnfunktion (je höher der Kakaoanteil, desto stärker das Wohlgefühl) und zweitens, weil Schokolade im Stress den Blutzucker in Schwung bringt und so die Konzentration verbessert.

4. **Störungen reduzieren.** Wenn der Stress sowieso schon groß genug ist – schalten Sie zusätzliche Stressquellen einfach aus. In Absprache mit Chefs und Kollegen lässt sich jedes Telefon stundenweise umstellen, jede Tür bis auf weiteres schließen und jeder nicht wirklich lebenswichtige Termin auf später verschieben.

Denken Sie dran, sich nicht selbst im Weg zu stehen: Wer versucht, zwei Angelegenheiten gleichzeitig zu erledigen, erledigt keine von beiden richtig, selbst wenn es „nur" darum geht, während eines Telefonats die Post durchzuschauen.

5. **Auf die Arbeitstechnik kommt's an.** Aus dem Grund ist in diesem Buch das gesamte vierte Kapitel Tipps zum Thema Arbeitsorganisation gewidmet (siehe ab S. 43). Mit solidem organisatorischem Handwerkszeug, Ordnung, Planung und Zeitmanagement lässt sich jede Arbeit schneller und besser erledigen und obendrein Stress durch Chaos von vornherein vermeiden. Nicht nur für Ihren Job, sondern gleich fürs ganze Leben können Sie diesen Bereich übrigens mit „Simplify" systematisch angehen. Hinter dieser Kult-Bewegung, zu der man Bücher kaufen und Zeitschriften abonnieren kann, steckt im Kern nichts anderes als der gute alte Papierkorb, im wörtlichen wie im übertragenen Sinn: Entrümpeln Sie Ihr Leben und befreien Sie sich von überflüssigem Ballast.

Bei näherer Betrachtung finden Sie wahrscheinlich vieles, von dem Sie sich leichten Herzens trennen könnten: Alles, was Sie nicht mehr interessiert, was nicht mehr wirklich nötig ist, was gemessen an den Ergebnissen zu viel Zeit frisst, was Sie nur noch aus Gewohnheit, aber ohne sinnvollen Grund oder Freude tun.

6. **Gönnen Sie sich gelegentlich eine Fortbildung.** Denn damit schlagen Sie drei Fliegen mit einer Klappe: Je aktueller Ihr Wissen ist, desto leichter fällt Ihnen die Arbeit und desto höher ist der Spaßanteil daran. Ihren Chef wird es mit Begeisterung erfüllen, wenn Sie Ihre Motivation unter Beweis stellen, indem Sie willig jede Möglichkeit der Weiterbildung nutzen und entsprechend gute Arbeitsleistungen bringen. Und auf diese Weise können Sie Ihre Chancen auf eine Gehaltserhöhung ganz beträchtlich erhöhen.

Durch regelmäßige Weiterbildung steigern Sie ganz nebenbei auch Ihre Chancen, sich erfolgreich einen besseren Job zu suchen: Bewerber, die eindrucksvolle Fortbildungszeugnisse mitbringen, werden immer bevorzugt behandelt.

7. **Tun Sie Ihrem Körper was Gutes.** Tatsache ist: Bewegung und frische Luft helfen, den Stresspegel zu senken. Das kann Jogging oder Krafttraining sein, muss aber nicht. Manche Leute schwören auf fernöstliche Entspannungsübungen von Yoga bis Qi Gong, aber letztlich ist einzig wichtig, dass Ihr Bewegungsprogramm Ihnen Spaß macht. Zur Not reichen auch schon Treppensteigen und Spazierengehen durch die Fußgängerzone, solange Sie es regelmäßig machen. Darüber hinaus ist es nie verkehrt, ein bisschen auf die Ernährung zu achten – nicht dogmatisch natürlich und vor allem nicht in Form von einseitigen Diäten, weil die nur

von der Arbeit ablenken und schlechte Laune machen. Aber mit viel (Wasser) Trinken, täglich ein paar frischen Vitaminen (am simpelsten: Obst essen) und dem Verzicht auf allzu viele Fertiggerichte (inklusive Restaurantessen) ist schon eine ganze Menge erreicht.

Bei Dauerstress sollten Sie Ihren Körper regelmäßig mit hoch dosiertem Magnesium aus der Apotheke versorgen, damit er eine Chance hat, die Leistung zu bringen, die Sie ihm abverlangen.

8. **Stärken stärken.** Denn das macht viel mehr Spaß und bringt viel schneller Erfolg als der quälende Kampf gegen die eigenen Schwächen. Klar ist es wichtig, Schwächen zu erkennen und halbwegs im Griff zu behalten; andererseits ist nun mal niemand perfekt. Warum sollten also ausgerechnet Sie kostbare Zeit und Energie dafür aufwenden, Ihre Schwächen auszumerzen, um Ihrem Chef (oder sich selbst) völlige Perfektion bieten zu können?

Sie bringen es mit demselben Kraftaufwand deutlich weiter, wenn Sie einen Startvorteil für sich ausnutzen, anstatt sich mit einem Startnachteil herumzuschlagen, der Sie am Ende doch nur maximal im Mittelfeld landen lässt.

9. **Berufliches bitte nur am Arbeitsplatz.** Auch wenn es im Stress eine verlockende Lösung zu sein scheint, Unerledigtes mit nach Hause zu nehmen – am Feierabend muss wirklich Feier-Abend sein. Und das heißt: Abends und am Wochenende die telefonische Erreichbarkeit auf ein striktes Notfall-Minimum begrenzen. Wozu gibt es schließlich Anrufbeantworter? Falls Sie um Aktenstudium daheim und geschäftliche Abend- und Wochenendtermine nicht herumkommen, ziehen Sie für andere und sich selbst laut und deutlich Grenzen (nicht öfter als ... pro Monat), denn ohne Limit

ist am Ende garantiert fast jede freie Minute verplant. Und das ist vielleicht gut für die Firma, aber bestimmt schlecht für Sie: Immerhin spielen Ihr Zuhause, Ihr Privatleben und Ihre Freizeit für Ihren psychischen Ausgleich eine enorm große Rolle.

Falls Sie kaum noch ein nennenswertes Privatleben haben, heißt das nicht etwa, dass Sie unbesorgt auch nach Feierabend weiterarbeiten dürfen – sondern dass es höchste Zeit für Sie ist, sich mit dem Thema Arbeitssucht zu beschäftigen.

10. **Ziele festlegen.** Personaler sprechen heute gerne von „Zielvereinbarungen“ zwischen Chef und Mitarbeiter. Was bedeutet, dass der Vorgesetzte (zumindest theoretisch) Prioritäten und Zielvorgaben weitgehend gemeinsam mit seinen Mitarbeitern festlegt. Sie als Mitarbeiter haben so die Möglichkeit, die Erwartungen Ihres Chefs im Zweifelsfalle rechtzeitig auf ein realistisches Maß zurückzustutzen, anstatt offenen Auges in die völlige Überlastung zu galoppieren. Und wenn Sie Ihre Chance genutzt haben, die großen Linien mitzugestalten, nehmen Sie sich am besten gleich auch Ihr tägliches Arbeitsleben unter dem Gesichtspunkt „Zielgestaltung“ vor. Ein Hilfsmittel von unschlagbarem Wert ist die Kategorisierung jeder (!) neuen Arbeit oder Angelegenheit in „dringend“, „wichtig – aber nicht dringend“ und „kann warten“ als Sofortmaßnahme gegen Verzettelung am Arbeitsplatz. Im zweiten Schritt setzen Sie dann auf Ihrer „Dringend“-Liste Prioritäten: Was muss sofort erledigt werden, was als Zweites, was als Drittes?

Prioritäten und „To-Do"-Listen sind dann am sinnvollsten, wenn Sie nicht Ihre ganze Arbeitszeit für Dringendes verplanen, sondern mindestens ein Drittel für Wichtiges, Unvorhergesehenes und gelegentliche Blicke in den „Kann-warten"-Stapel freihalten.

Anmerkungen zum Gleichgewicht zwischen Job und Leben. Das Modewort dafür lautet „Work-Life-Balance". Und es ist bestimmt kein Zufall, dass dieses Prinzip ausgerechnet jetzt solche Beachtung findet, nachdem so viele Leute so viele Jahre lang einzig und allein auf maximale Leistung gesetzt haben – und damit gemeinsam mit der New Economy letztlich baden gegangen sind.

Dabei ist die „Work-Life-Balance" mitnichten eine revolutionäre Idee, sondern eher eine Rückbesinnung auf klassische philosophische Lehren:

- Wer sich kein Ziel steckt, kommt nirgends an. Deshalb sollte man von Zeit zu Zeit Bilanz ziehen, seine Lebenssituation mit all ihren Facetten kritisch unter die Lupe nehmen und sich innerhalb eines überschaubaren Zeitrahmens überschaubare Ziele stecken.

- Jede maßlose Beschäftigung mit nur einer Sache ist von Übel, denn man verliert zu schnell den rettenden inneren Abstand, wenn man sonst nichts anderes hat.

- Ausgeglichenheit, Glück und Erfüllung beruhen auf der Kunst, alle Lebensbereiche im Gleichgewicht zu halten. Und dazu gehören neben dem Job auch die Gesundheit (!), die Familie, die Freunde und die Finanzen.

Das leuchtet inzwischen sogar den Arbeitgebern ein: Insbesondere große und auf ein Image innovativer Unternehmenskultur bedachte Firmen setzen darauf, die Leistungen ihrer Mitarbeiter nicht durch Druck, sondern durch persönlichen Komfort zu steigern. Also bieten sie ihnen „Balancing"-Programme an, von kostenlosen Fitness-Stunden über flexible Arbeitszeitmodelle bis hin zu „Sabbaticals", befristeten Auszeiten, die man sich nehmen kann, um einen privaten Lebenstraum zu verwirklichen oder um einfach mal eine Zeit lang die Seele baumeln zu lassen.

In Ihrer Firma gibt es solchen Luxus nicht? Das ist ein guter Grund, sich erst recht regelmäßig ein paar stille Stunden zu verschaffen, um in allen wichtigen Dingen des Lebens Inventur zu machen und daraus für die Zukunft ein paar Erfahrungen, Pläne, Vorsätze und Träume abzuleiten.

„Was ist *wirklich* wichtig?" ist letztlich die Schlüsselfrage nicht nur im Job, sondern fürs ganze Leben. Wer sie sich regelmäßig stellt, gewinnt eine klare Sicht auf die Dinge und damit die Distanz, die unabdingbar ist, um selbst im Dauerstress noch überlegt und kräfteschonend zu handeln. Ein gewisser innerer Abstand ist ein Muss für alle, die beruflich noch viel vorhaben: Er verbessert Leistung, Laune und Lebensqualität. Und er hilft, bei allem Streben nach Erfolg und Unentbehrlichkeit nicht aus den Augen zu verlieren, dass man höchstwahrscheinlich nur ein Leben hat und daher seine Träume sicherheitshalber schon in dieser Runde verwirklichen sollte.

Literaturtipps

Sabine Asgodom: **Eigenlob stimmt.** Erfolg durch Selbst-PR. Econ Verlag München, 4. Auflage 2001.

Franziska von Au: **Der neue Knigge.** Sichere Umgangsformen für alle Situationen. Ludwig Buchverlag München, 2. Auflage 2002.

Roberta Cava: **Kein Problem mit schwierigen Menschen.** Allen Mitarbeitern, Kollegen, Chefs und Kunden richtig begegnen. Verlag moderne industrie Landsberg/Lech, 2000.

Annette Fuss, Anke Trutter, Bettina Blass: **WISO Gekündigt – was nun?** Ueberreuter Wirtschaftsverlag Frankfurt/Wien, 2004.

Daniel Goleman: **EQ² – Der Erfolgsquotient.** dtv München, 2. Auflage 2001.

Jürgen Lürssen: **Die heimlichen Spielregeln der Karriere.** Wie Sie die ungeschriebenen Gesetze am Arbeitsplatz für Ihren Erfolg nutzen. Campus Verlag Frankfurt/Main, 2. Auflage 2002.

Samy Molcho: **Alles über Körpersprache.** Sich selbst und andere besser verstehen. Mosaik/Goldmann-Verlag München, 2002.

Elke Pohl: **Nie mehr Stress im Job.** 100 Tipps für entspanntes Arbeiten. BW Bildung und Wissen Verlag Nürnberg, 2002.

Susanne Reinker: **Das Job-Lexikon.** Erste Hilfe für den Berufsstart. Beck-Wirtschaftsberater im dtv München, 2004.

Günter Schaub, Hans Gottlob Rühle: **Guter Rat im Arbeitsrecht.** Für Arbeitgeber und Arbeitnehmer. Beck-Rechtsberater im dtv München, 3. Auflage 2003.

Reinhard K. Sprenger: **Die Entscheidung liegt bei dir.** Wege aus der täglichen Unzufriedenheit. Campus Verlag Frankfurt/Main, 9. Auflage 2000.

Friedrich Ulrich: **Cheffing - Führen von unten.** Cornelsen Verlag Berlin, 2001.

Sabine Asgodom

Genug gejammert

Wie das Leben mehr Spaß macht

ISBN 978-3-548-36760-6
www.ullstein-buchverlage.de

Stefan scheint privat und beruflich mit seiner Kraft am Ende – bis er jemanden trifft, durch dessen Worte er aus seinem Jammertal gerissen und seine verschüttete Lebensfreude wiedererweckt wird.

Anhand Stefans Geschichte zeigt Sabine Asgodom, wie man sein Leben selbst in die Hand nehmen und dadurch wieder Spaß daran haben kann.

»Sabine Asgodom ist eine Trainerin, die nicht nur Tipps gibt, sondern diese auch lebt.«
Financial Times Deutschland

»Versöhnlich und optimistisch stimmende Tipps für ein erfülltes, glückliches Leben.«
amazon.de

US204

Gertrud Höhler

Warum Vertrauen siegt

ISBN 978-3-548-36717-0
www.ullstein-buchverlage.de

Misstrauen regiert – auf den Märkten, an den Börsen, in der Politik. Diese Abwärtsspirale beschädigt unser Selbstvertrauen. Wir müssen die Richtung ändern – mit einem Wagnis, für das wir reichlich belohnt werden: Vertrauen. Vertrauen macht mächtig, weil es Grenzen verschiebt: in den Köpfen und auf den Märkten. Wir haben keine Wahl – wir müssen uns aufeinander verlassen.

»Die Forderung nach einer Ökonomie und Politik, die sich Berechenbarkeit und Kompetenz, Offenheit und Ehrlichkeit auf die Fahne schreiben.« *Handelsblatt*

»Gertrud Höhler gehört zu den gefragtesten Kommunikations- und Unternehmensberatern Deutschlands.« *Vogue*

US144

ullstein

Meike Rensch-Bergner

Die Uschi-AG

Königinnen machen Karriere

Originalausgabe

ISBN 978-3-548-36841-2
www.ullstein-buchverlage.de

Sie haben *Das Uschi-Prinzip* gelesen und sich köstlich amüsiert? Und haben dann Schritt für Schritt Ihr Liebesleben verändert und Ihren Traummann gefunden? Wunderbar! Aber: Haben Sie auch im Job mehr Erfolg? Und gehen Sie morgens fröhlich pfeifend zur Arbeit? Nein? Dann sollten Sie schleunigst Mitglied in der Uschi-AG werden!

Meike Rensch-Bergner schildert in ihrem neuesten Buch, wie Frauen sich selbst und ihre Potentiale neu entdecken können, um bei der Arbeit glücklicher und erfolgreicher zu werden. In wunderbar leichtem Plauderton liefert sie eine unterhaltsame und pfiffige Gebrauchsanweisung für die Arbeitswelt – damit alle fleißigen Lieschen zu strahlenden Uschis werden.

US209

ullstein

Allan & Barbara Pease

Eine dumme Frage ist besser als fast jede kluge Antwort

Wie man erfolgreich überzeugt

ISBN 978-3-548-36745-3
www.ullstein-buchverlage.de

Ohne die richtigen Fragen, die richtigen Gesten funktioniert kein Gespräch, keine Verhandlung, keine Diskussion. Die hohe Kunst der Kommunikation ist erlernbar und Allan & Barbara Pease sind die idealen Lehrmeister. Mit jahrzehntelanger Erfahrung, bewährten Methoden und wie immer unterhaltsam vermitteln sie in ihrem neuen Buch die entscheidenden Tricks und Tipps, um erfolgreich zu überzeugen.

»Pease & Pease lehren, wie man Körpersprache gewinnbringend einsetzt.« *Format*

»Erfolgreich überzeugen mit dem Erfolgsduo Allan & Barbara Pease!« *dpa*

US250

ullstein